Irma Dütsch

Esprit de Cuisine

Esprit

Irma Dütsch

de Cuisine

Fotografiert von Lotti Bebie

AT Verlag

Die Autorin dankt für die Mithilfe
bei der Realisierung dieses Buches
ganz besonders:

ihrem lieben Gatten Hans-Jörg
Dütsch, der den Text über die Walliser
Weine und die Weinempfehlungen
verfasste und bei den Arbeiten
an diesem Buch stets kühlen Kopf
bewahrte,
ihrem Chef de Cuisine, Markus
Neff, der alle Gerichte und Rezepte
realisierte,
ihrem Chef de Service, Charlie
Neumüller,
und allen guten Seelen im
«Fletschhorn», die im Hintergrund
zum Gelingen beigetragen haben,
Silvio Rizzi, der die Texte verfasste,
Mara Fabian, die sämtliche
Rezepttexte redaktionell bearbeitete,
Lotti Bebie, die als Fotografin
alle Rezepte ins rechte Licht rückte,
Walter Imber, der die Landschaften
um Saas Fee und das «Fletschhorn»
im Bild festhielt,
Roland Puippe, der ein Vorwort
verfasste und über den Walliser Wein
berichtet,
sowie Jean-Luc Ingold, der die Texte
ins Französische übertrug.

Fotolithos:
Nievergelt Polycom AG, Zürich

Druck:
Mengis Druck, Visp

Bindearbeiten:
Buchbinderei Burkhardt AG, Mönchaltorf

Printed in Switzerland

ISBN 3-85502-615-7

Inhalt

Küche am Fusse der Viertausender

Kochbücher wie dieses sind zunächst einmal eine Sammlung von Rezepten; geübte Köchinnen und Köche werden das eine oder andere Gericht nachzuvollziehen verstehen. Sie sind aber auch eine Sammlung von Erfahrung und tragen eine persönliche Handschrift. Darüber hinaus sind die Rezepte eine Art Speisekarte – dazu da, den Appetit auf das Original, auf ein superbes Essen im «Fletschhorn», anzuregen oder um die Erinnerung daran wachzuhalten.
Trotz luxuriöser Produkte will Irmas Küche nicht in erster Linie verblüffen oder gar bluffen. Sogar eine gewisse Bodenständigkeit ist ihr nicht abzusprechen. Sie ist allerdings auch nicht eine genuine Walliser Küche, trotz einiger Produkte aus der Gegend wie dem Safran aus Mund oder dem Käse in der «Tarte saviésanne», sondern eine Gourmet-Küche, wie man sie bei Spitzenköchen in aller Welt antrifft. 18 Punkte im «Gault-Millau», ein «Clé d'Or» und ein «Michelin-Stern» sagen wohl genug aus. Ungewöhnlich ist nur die Höhenlage: Auf 1800 Metern über Meer und am Fuss von Viertausendern kocht wohl niemand sonst auf diesem Niveau.
Dass eine gefeierte und über die Grenzen hinaus bekannte Köchin erst heute mit einem Kochbuch an die Öffentlichkeit tritt, ist vor allem deshalb sympathisch, weil ihr das Kochen stets über die Publizität ging. Besonders ihre lange Erfahrung, davon zwanzig Jahre im Berghotel Fletschhorn, macht dieses Buch zu mehr als einer Selbstdarstellung: Irmas Rezepte sind nicht von heute auf morgen entstanden; an ihnen wurde jahrelang gefeilt und verbessert, bis sie ihre endgültige Form erreicht hatten. Die hier versammelten hundert Rezepte stellen freilich nur eine Auswahl dar. Dem Band liessen sich leicht drei, vier weitere anschliessen. Aufgenommen wurden vor allem Gerichte, die man in anderen Kochbüchern nicht findet, die «typisch Irma» sind und ihren «esprit de cuisine» ausdrücken.
Eng mit dem Wallis verbunden sind die Weine, die Hans-Jörg Dütsch zu jedem Gericht empfiehlt. Die 52 Rebsorten, die im Wallis angepflanzt werden, kann er seinen Gästen beinahe lückenlos präsentieren, in allen Varianten, von «trocken» bis «süss». Eine kleine Weinkunde (siehe Seite 196) stellt die meisten davon vor.
In einem Land der Köche sind Köchinnen, besonders in der gehobenen Gastronomie, die Ausnahme. Kochen Frauen anders als Männer? Realistischer, näher beim Essen als Lebensnotwendigkeit? Auch auf diese Fragen mag dieses Buch eine Antwort geben.

Silvio Rizzi

Irma Dütsch
und ihre Kunst zu leben

«Schon mit vier Jahren wollte ich kochen; doch mein erstes Gericht, Makkaroni waren es, misslang aufs erbärmlichste. Als ich später versuchte, meine heissgeliebten Karamelbonbons herzustellen, wollten sie mir einfach nicht gelingen. Heraus kam nur eine verbrannte Kruste in der Pfanne.» Solche Missgeschicke, amüsant im nachhinein, hätten es einem Mädchen leicht verleiden können, wäre da nicht sein erdverbundener, ausdauernder Charakter gewesen, der es immer wieder anstachelte weiterzumachen. «Ich habe zugeschaut und gelernt, bis man mich ernst genommen hat, bis man überzeugt war, dass meine berufliche Zukunft am Herd sei.» Dieser unbändige, früh entwickelte Wille, sich durchzusetzen – vielleicht Ausdruck ihres Sternzeichens, des Skorpions –, hat Irmas Persönlichkeit geformt und ihre Laufbahn bestimmt.

Das Glück: Mamas Küche

Irma lernte schon als Kind den Wert der Gastfreundschaft kennen, auf einem Bauernhof im Greyerzerland, wo man Freundschaften pflegte und an allem teilnahm, an allem, was wuchs und gedieh, aber auch an Trauer und Glück, und wo man die Sprache des Herzens verstand. Als eines von sechs Kindern stand Irma am liebsten in der Küche, dort, wo es Rahm gab, Butter, Käse, Hühner, Würste, Brot und Früchte, inmitten all der köstlichen Dinge, die das Landleben prägen und es mit Lebensfreude erfüllen. «Brot backen, auf dem Feld ernten, die Milch umschütten, das Entstehen der Blutwürste verfolgen – nichts wollte ich verpassen, auf nichts verzichten. Bei uns war eben alles von Grund auf hausgemacht, war Mamas Küche, «c'était le bonheur». Die Aromen der Kindheit haben Irma geprägt; doch der Weg bis zu ihrer heutigen Perfektion war lang und mit harter Arbeit verbunden.

Kochen ist alles

Ein erstes Hindernis stellte die Kochlehre dar; denn vor noch nicht allzu langer Zeit war es Frauen kaum möglich, eine Lehrstelle zu bekommen, schon gar nicht in der Romandie. Irma Grandjean, wie sie damals noch hiess, fand doch eine, allerdings in der deutschen Schweiz, in Rheinfelden. Und sie hatte Glück. Ihr Lehrmeister war ein ausgezeichneter Fachmann, der für die Küche lebte und dessen Strenge und Disziplin die

Lehrlinge prägte. «Ich musste meine Haare kurz schneiden, allen Moden zum Trotz, und obwohl ich unter meinem Aussehen litt, war mir die Küche wichtiger.» An ihrem Haarschnitt hat Irma nie mehr etwas geändert; er ist zu ihrem Markenzeichen geworden.

Der Sprung über die Grenzen

Nachdem sie ihr grundlegendes Kochwissen und ihre handwerklichen Fähigkeiten erworben hatte, arbeitete Irma erst in der Schweiz und später im Ausland, in den USA, in Mexiko und in Kanada. Und ein weiteres Mal begegnete ihr das Glück. 1967 lernte sie in Montreal Hans-Jörg Dütsch, einen Thurgauer, kennen und heiratete. Die beiden sind bis heute ein unzertrennliches Paar. Hans-Jörg war stets derjenige, der betonte, dass der Austausch von Ideen unabdingbar sei, um weiterzukommen, und dass man auch lernen müsse, Unbekanntes zu akzeptieren. Wieder in der Schweiz liessen sich die beiden zuerst am Bodensee, in Hans-Jörgs Heimat, nieder. An einem «grässlichen Tag», 1976, erinnert sich Irma, schien eine Katastrophe über sie hereinzubrechen: «Hans-Jörg hatte eine Hütte in der Nähe von Saas Fee gekauft, ein heruntergekommenes Hotel-Restaurant, das er mit mir zusammen aufpäppeln wollte – ich heulte vor Wut.»

«Ich heulte vor Wut und dann vor Freude.»

Doch die Enttäuschung hielt nicht lange an. «Hans-Jörg versprach mir, mich nicht gegen meinen Willen in dieses Exil zu verbannen; nach einem Jahr könne ich zustimmen oder ablehnen. Wir machten uns an die Arbeit, und nach Ablauf des Jahres war ich es, die bleiben wollte, allen Schwierigkeiten zum Trotz. Zu zweit würden wir es schaffen. Hans-Jörg brachte jeden Tag unsere beiden Töchter ins Dorf zur Schule, ein Fussmarsch von einer guten halben Stunde.»

Allerdings, dieser Weg durch den lichten Bergwald ist hinreissend schön. Man atmet den Duft der Lärchen und die reine Bergluft ein, und die Stille nimmt einen gefangen. Heute legt man die Strecke freilich meist in einem Elektromobil zurück. Wenn nach dem Waldstück das Hotel Fletschhorn auftaucht, öffnet sich ein grossartiges Panorama, hinüber zu den schneebedeckten Viertausendern und hinunter in den tiefen Taleinschnitt der Saaser Vispe. Ein Ort der Erholung für Seele und Körper. Man begreift, dass Irma

und Hans-Jörg beschlossen, hier oben, auf 1800 Metern über Meer, zu bleiben und für ihre Gäste zu arbeiten. Ihr Haus ist immer wieder aus- und umgebaut worden. Im Teil gegen Süden sind luxuriöse Zimmer und Suiten entstanden, die aufs beste mit der vorzüglichen Küche und dem imposanten Keller korrespondieren. Und vor dem Haus lässt sich auf einer weiten Terrasse gleich beides geniessen, Küche und Bergwelt.

Eng, nicht engstirnig

Das Saasertal ist eng und steil. Deshalb vielleicht begibt sich Irma immer wieder in der Zwischensaison auf weite Reisen. Um andere Kulturen kennenzulernen, aber ebenso, um sich weiterzubilden. Südostasien fasziniert sie; sie ist Ehrenmitglied der «Toques blanches» von Hongkong. Auch Nordamerika ist immer wieder Ziel ihrer Reiselust, Italien bezaubert sie, und wäre sie nicht ins «Fletschhorn» verliebt, würde sie sich am liebsten dort niederlassen. Neugierig auf alles, lernt sie hinzu, um mehr geben zu können, in der Küche wie im Umgang mit ihren Gästen. «Als ich meine Lehre begann, wusste ich nicht, was eine Entenleber oder ein Hummer ist.» Doch wusste sie, die Bauerntochter, immer, was echt und naturverbunden und was kurzlebige Mode ist.
Eine Küche von so hohem Niveau in einer abgelegenen Berglandschaft ist einzigartig. Sie blieb denn auch nicht ohne namhafte Auszeichnungen wie 18 Punkten im «Gault-Millau» und einem Stern im «Guide Michelin». 1994 war Irma die «Köchin des Jahres» von «Gault-Millau». Das Lob hat ihr freilich nie den Kopf verdreht. Mit ihrem Temperament lässt sich zurechtkommen, mit ihren gelegentlichen Zornesausbrüchen, aber auch mit ihrem Humor und ihrer Grosszügigkeit. Ein Aufenthalt im «Fletschhorn» soll Spass machen, auf dem Teller wie bei einem kleinen Tratsch mit ihr. «Es ist doch viel einfacher, wenn mein Mann zum Geldbeutel schaut.» Hans-Jörg, Diplomabsolvent der Hotelfachschule Lausanne, sitzt denn auch schon frühmorgens an seinem Computer und hat alles im Auge, Einnahmen und Ausgaben, Arrivés und Départs. Er holt die Gäste im Dorf ab, schlägt sich mit Behörden und Handwerkern herum und überwacht nicht zuletzt seinen Weinkeller, in dem rund 15000 Flaschen lagern, darunter das Beste aus dem Wallis. Während der Mahlzeiten ist er der kundige Sommelier, der stets das Passende aus seinem Zylinder zaubert.

Familiäre Atmosphäre

Irmas Herzlichkeit und Grosszügigkeit übertragen sich auch auf ihre Mitarbeiter. Ihr Küchenchef, Markus Neff, arbeitet gewissermassen in Symbiose mit ihr, und das seit 16 Jahren. 10 Jahre sind es auch, seit Charlie Neumüller zum «Fletschhorn»-Team gestossen ist, ein hochprofessioneller und dennoch umgänglicher Maître d'hôtel. Sie beide sind mit dem Betrieb eng verwachsen. Kein Zufall, dass das «Fletschhorn» 1992 mit dem «Coupe de l'Acceuil» des Club Prosper Montagné ausgezeichnet worden ist.
Irma hat sich nun entschlossen, ihre Rezepte – nicht alle, freilich – in diesem Buch zu veröffentlichen. «Zum Dreissig-Jahr-Jubiläum unserer Ehe; denn Liebe geht durch den Magen.» Aber auch für ihre Töchter Caroline und Sandra, für ihr treues Personal und nicht zuletzt für das Walliser Dorf Saas Fee und für ihre Gäste.

Esprit de cuisine

Irmas Küche bezaubert durch die Fülle an Ideen und die Intensität ihrer Aromen. Sie ist von ihren Jugenderlebnissen geprägt und hat sich, nicht zuletzt durch den Aufenthalt in anderen Ländern, doch auch wieder von ihnen gelöst und gewandelt. Die Grundlagen guten Kochens sind erhalten geblieben, die Vorliebe für alles «Hausgemachte», die aufwendige Zubereitung der Fonds und Fumets, das behutsame und lange Garen einer «cuisine cuisinée». Hinzu gekommen ist eine ästhetische Komponente, eine Leidenschaft für Dekoratives und Künstlerisches, die sich auch im Haus widerspiegelt, im Wandschmuck des Restaurants und einer eindrucksvollen Bildergalerie. Die Teller präsentieren sich heute in zauberhafter Leichtigkeit, sind aber gleichzeitig bis ins kleinste durchdacht und nach strengen Richtlinien ausgeführt. Der Harmonie werden keinerlei Opfer gebracht; nur was sich geschmacklich ergänzt und den Gaumen zu überzeugen vermag, gelangt auf die sparsam geschmückten Teller. Irma ist zweifellos selbst eine Künstlerin, eine, die ihre Kunst vollkommen beherrscht. Ein Essen im «Fletschhorn» ist immer ein ausserordentliches kulinarisches Erlebnis, das die Gäste beglückt und sie den langen Weg vom Tal in die Berge vergessen lässt.

Roland Puippe

Eier und Suppen

«Was wäre eine Küche ohne Eier? Auf dem Bauernhof, wo ich aufgewachsen bin, war ich jedesmal stolz, wenn ich die nestwarmen Eier in Mutters Küche tragen und zusehen durfte, wie vielfältig sie verwendet wurden. Ei bindet, färbt und dekoriert, es vermählt sich mit vielem zu ganz einfachen oder zu noblen Speisen. Nur wenige Gerichte erfordern so viel Fingerspitzengefühl wie jene aus Eiern. Suppen sind für mich etwas Elementares. Sie erwärmen das Herz und gehören an vielen Tischen immer noch zum Alltag der Familie. In den Suppen spiegelt sich der Jahreslauf, zum Beispiel mit Spargeln im Frühling, mit Kürbis oder Stein-

pilzen im Herbst. Mit der Erweiterung des kulinarischen Horizonts hat sich auch die Suppenkultur weiterentwickelt: Suppen mit Meeresfrüchten oder asiatischen Gewürzen sind in unseren Breitengraden nichts Ungewöhnliches mehr und sind im ‹Fletschhorn› fester Bestandteil des Angebots.»

L'Œuf des tsars

Das Ei der Zaren

Die Eier an der spitzen Seite vorsichtig köpfen und in eine kleine Schüssel entleeren. Die Schalen heiss ausspülen und, wenn möglich, warm halten.
Mit einer Gabel die Eier mit dem Rahm verquirlen. Mit Salz und frisch gemahlenem Pfeffer würzen und mit der geschmeidigen Butter zu einem weichen Rührei verarbeiten – ob im heissen Wasserbad oder direkt auf der Herdplatte, hängt von der Routine ab. Dabei ständig mit dem Schwingbesen rühren und zuletzt 1 Teelöffel geschlagenen Rahm unterziehen. Den Meerrettich leicht salzen und pfeffern. Vorsichtig mit dem restlichen geschlagenen Rahm vermischen. Das Rührei in die Eierschalen füllen, mit dem Meerrettichschaum bedecken und mit je 1 Teelöffel Kaviar garnieren. Die Zareneier werden in Eierbechern serviert.

4 Eier
1½ dl Rahm
1 Esslöffel geschmeidige Butter
1 Esslöffel fein geriebener Meerrettich
4 Esslöffel geschlagener Rahm
4 Teelöffel Kaviar (am besten Osietra)
Salz, Pfeffer aus der Mühle

Coquille d'œuf aux rogues, rillettes de truite fumée

Ei mit Forellenrogen und Rillette von der Rauchforelle

Die rohen Eier der Länge nach halbieren, das heisst die Schale mit einem Sägemesser anritzen und mit einer kleinen Schere vorsichtig rundum aufschneiden. Den Inhalt der Eier in einer Schüssel auffangen und für ein anderes Gericht verwenden. Die Schalen ausspülen und bereithalten.
Für die Rillette das Forellenfilet zusammen mit der Crème fraîche und dem Joghurt im Cutter pürieren. Das Püree in eine Schüssel geben und den geschlagenen Rahm unterheben. Die Rillette mit Salz, frisch gemahlenem Pfeffer und einigen Spritzern Zitronensaft abschmecken. In 4 Eierschalen je 1 Teelöffel Forellenrogen geben und darüber die Rillette füllen. Mit einem in heisses Wasser getauchten Messer die Oberfläche glattstreichen und mit Kerbelblättchen oder Streifen von Rauchforelle garnieren.
Die gefüllten Eierschalen auf einem Kressebett oder auf Rauken- und Löwenzahnblättern anrichten und mit Croûtons aus Walliserbrot umstreuen.

Variationen
Anstelle von Forellen-Rillette füllt Irma die Schalen auch manchmal mit Meerrettichschaum oder mit Blumenkohlpüree.

4 Eier
4 Teelöffel Forellenrogen
1 Handvoll Brunnenkresse
Kerbelblättchen als Garnitur
Croûtons aus 4 Scheiben Walliserbrot

Für die Rillette:
100 g geräuchertes Forellenfilet
1 Esslöffel Crème fraîche
2 Esslöffel Joghurt nature
1 dl geschlagener Rahm
einige Spritzer Zitronensaft
Salz, Pfeffer aus der Mühle

Œuf brouillé d'Alba sur lit d'épinards

Getrüffeltes Rührei auf einem Spinatbett

Das Rührei wie im Rezept «L'Œuf des tsars» zubereiten. Das Trüffelöl und die gehackten Trüffeln gleich zu Anfang einrühren, den geschlagenen Rahm erst gegen Ende unterziehen.

Das Trüffelöl ist zwar mit weissen Trüffeln aromatisiert, verträgt sich jedoch auch mit schwarzen Périgord- oder mit braunen Sommertrüffeln, falls keine weissen Trüffeln erhältlich sind.

Die zarten Spinat- oder Salatblätter mit etwas Trüffelöl und Portweinessig betupfen, auf die Teller verteilen und das Rührei darauf plazieren. Wo keine wilden Stiefmütterchen wachsen wie vor dem Hotel Fletschhorn, kann man das Gericht natürlich auch ohne diese Garnitur servieren.

4 Eier

1 Teelöffel Trüffelöl

50 g weisse oder schwarze Trüffeln, fein gehackt

1 Esslöffel geschmeidige Butter

1 dl Rahm

1 Esslöffel geschlagener Rahm

junge Spinatblätter oder zarte Blattsalate

Portweinessig und Trüffelöl zum Betupfen

wilde Stiefmütterchen als Garnitur

Salz, Pfeffer aus der Mühle

Œuf des tsars
Das Ei des Zaren

Coquille d'œuf aux rogues, rillettes de truite fumée

Ei mit Forellenrogen und Rillette von der Rauchforelle

Œuf poché princesse valaisanne

Tomaten mit pochiertem Ei

Œuf poché princesse valaisanne

Tomaten mit pochiertem Ei

4 mittelgrosse Tomaten
4 Eier
1 dl Weisswein
¼ dl Wasser
¼ dl Estragonessig
2 Pfefferkörner
5 Zweige frischer Estragon
1 Eigelb
100 g geklärte Butter
8 kleine festkochende Kartoffeln
8 Safranfäden
Salz, Pfeffer aus der Mühle

Für die Vinaigrette:
1 Teelöffel Senf
1 Esslöffel Apfelessig
2 Esslöffel Traubenkernöl
etwas Kartoffelkochwasser

Die Tomaten blanchieren, kalt abschrecken, schälen und oben einen Deckel wegschneiden. Mit einem Teelöffel die Tomaten aushöhlen, mit der Öffnung nach unten auf einen Teller neben den Herd setzen, damit sie lauwarm werden.
Die 4 Eier, die sehr frisch sein müssen, aufschlagen und in je eine Tasse gleiten lassen. Die Eidotter dürfen dabei nicht zerfliessen.
1 dl Weisswein, ¼ dl Wasser und ¼ dl Estragonessig zusammen mit den Pfefferkörnern und den Estragonzweigen zum Kochen bringen und auf 2 Esslöffel Flüssigkeit reduzieren. Die Estragonblättchen in feine Streifen schneiden. Die Reduktion mit dem Eigelb im Wasserbad zu einer schaumigen Creme aufschlagen. Die geklärte Butter löffelweise einschwingen. Zuletzt die fein geschnittenen Estragonblättchen unter die Sauce ziehen.
Die geschälten Kartoffeln in leicht gesalzenem, mit dem Safran gefärbtem Wasser weich garen. Danach in dünne Scheiben schneiden.
Die Zutaten zur Vinaigrette verrühren. Die Eier in reichlich siedendes Wasser gleiten lassen, dem man 1 Esslöffel Estragonessig beigibt, und 2 bis 3 Minuten pochieren.
Die leicht angewärmten Tomaten mit den pochierten Eiern füllen, auf die Teller setzen und mit der Estragonsauce grosszügig überziehen.
Mit je zwei in Scheiben geschnittenen Safrankartoffeln umlegen, mit der Vinaigrette umgiessen und mit einigen Estragonblättchen garnieren.
Dies ist ein Gericht, das man «tiède», also lauwarm serviert.

Tassette et crêpe aux cèpes

Steinpilzsuppe mit Steinpilzcrêpe

500 g geputzte Steinpilze
1 kleine gehackte Schalotte
80 g Butter
2 Brikblätter, ersatzweise Blätter aus Dim-Sum-Teig (Grundrezept Seite 195)
7 dl heller Geflügelfond (Grundrezept Seite 190)
3 dl Rahm
1 kleines Bund glattblättrige Petersilie, fein geschnitten
1 Esslöffel fein gehackte Walnüsse
1 dl Milch
Salz, Pfeffer aus der Mühle

Zum Füllen der Crêpes 100 g Steinpilze in feine Scheiben schneiden und zusammen mit der fein gehackten Schalotte in 30 Gramm Butter weich dünsten. Mit Salz und frisch gemahlenem Pfeffer würzen und etwas fein geschnittene Petersilie unterheben. Die Brikblätter in Viertel schneiden, jedes zu einem Cornet drehen und mit je 1 Esslöffel Pilze füllen. In einer Teflonpfanne in 20 g Butter beidseitig anbräunen, herausheben, auf Küchenpapier abtropfen lassen und warm stellen.
Die restlichen Steinpilze im Cutter oder mit dem Messer nicht zu fein hacken. In der restlichen Butter andünsten und mit Salz und Pfeffer würzen. Sobald die Pilze Saft ziehen, den Geflügelfond zugiessen. Die Suppe zum Kochen bringen und 15 Minuten köcheln lassen. Danach den Rahm einrühren und die Suppe nochmals kurz aufkochen.
Unterdessen die gehackten Walnüsse in einer trockenen Teflonpfanne anrösten, mit etwa 1 Esslöffel fein geschnittener Petersilie vermischen und bereithalten.
Die Milch aufkochen, mit Salz und Pfeffer würzen und schaumig schlagen.
Die Steinpilzsuppe in Tassen füllen, mit je 1 Esslöffel Milchschaum überziehen und mit den Nüssen bestreuen. Die gefüllten Crêpes getrennt dazu servieren.

Tip
Brikblätter, eine Teigspezialität aus der tunesischen Küche, sind in Spezialgeschäften erhältlich.

Soupe dorée aux saveurs océannes

Meeresfrüchtesuppe mit Curry

- *20 kleine Suppenmuscheln (z.B. palourdes)*
- *12 Venusmuscheln (vongole)*
- *12 Meerschnecken (bigorneaux)*
- *4 kleine Kalmare*
- *8 Flusskrebse oder Crevetten*
- *4 Esslöffel Olivenöl*
- *3 dl Weisswein*
- *3 dl Fischfond (Grundrezept Seite 192)*
- *1 Teelöffel Currypulver*
- *einige Safranfäden*
- *100 g Butter*
- *1 l Gemüsefond (Grundrezept Seite 190)*
- *1 Lauchstange, in feine Streifen geschnitten*
- *Salz, Pfeffer aus der Mühle*
- *fein geschnittener Schnittlauch als Garnitur*

Alle Muscheln und Schnecken sowie die Flusskrebse unter fliessendem Wasser abbürsten. Die Kalmare waschen, häuten und das transparente Fischbein entfernen. Die Körpersäcke der Kalmare nochmals waschen und in dünne Ringe schneiden.
In einem grossen Topf das Olivenöl erhitzen und die abgetropften Muscheln und Meerschnecken hineingeben. Umrühren, mit dem Weisswein ablöschen und den Fischfond zugiessen. Zugedeckt 3 Minuten stark kochen lassen. Anschliessend die Muscheln und Meerschnecken herausheben und ihr Fleisch auslösen. Alle Muscheln, die sich beim Garen nicht geöffnet haben, müssen entfernt werden.
Den Muschelfond durch ein feines Sieb seihen und den Curry sowie den Safran einrühren. Den Fond nochmals aufkochen und die kalte Butter stückchenweise einschwingen, um die Suppe zu binden.
Die Flusskrebse im Gemüsefond 2 Minuten aufkochen. Herausheben, ihr Schwanzfleisch aus den Schalen brechen und im Gemüsefond warm halten.
Die Lauchstreifen und Kalmarringe in die Currysuppe geben und unterhalb des Siedepunkts (bei etwa 90 Grad) gar ziehen lassen. Anschliessend das ausgelöste Muschel- und Meerschneckenfleisch sowie die Krebsschwänze einlegen und in der Suppe wieder erwärmen. Die Currysuppe in vorgewärmte tiefe Teller füllen und mit Schnittlauch bestreut servieren.

Variationen
Dieses Gericht kann auch mit anderen Muschelsorten wie etwa den weniger edlen Miesmuscheln zubereitet werden. Irma fügt, wenn erhältlich, noch überbackene Schwertmuscheln (couteaux) hinzu oder verwendet Tomatenwürfel statt Lauchstreifen.

Crème et tarte de courge

Kürbiscremesuppe mit Kürbistarte

50 g gehackte Schalotten
2 dl Olivenöl
500 g Kürbisabschnitte
5 dl heller Geflügelfond (Grundrezept Seite 190)
2 dl Rahm
Salz, Pfeffer aus der Mühle

Für die Tarte:
150 g Kürbis, in Würfel geschnitten
100 g Greyerzer, in Würfel geschnitten
50 g Vacherin fribourgeois, in Würfel geschnitten
150 g Blätterteig
1 dl Rahm
2 Eier

Für die Suppe die gehackten Schalotten in etwas Olivenöl andünsten.
Die Kürbisabschnitte zufügen, mit Salz und frisch gemahlenem Pfeffer würzen und etwa 5 Minuten dünsten. Anschliessend den Geflügelfond zugiessen, zum Kochen bringen und etwa eine halbe Stunde köcheln lassen. Danach das restliche Olivenöl einrühren und die Suppe mit dem Stabmixer pürieren. Durch ein Sieb passieren und nochmals aufkochen. Mit dem Rahm verfeinern und abschmecken.
Für die Tarte die Kürbis- und Käsewürfel vermischen. Eine flache Kuchenform von 21 cm Durchmesser mit dem Teig auslegen. Den Teig mit einer Gabel einstechen und mit der Kürbis-Käse-Mischung belegen. Etwa 1 dl Suppe mit 1 dl Rahm und den beiden Eiern verquirlen. Mit diesem Guss die Kürbis-Käse-Füllung überziehen. Die Tarte bei 180 Grad auf der mittleren Rille des Backofens etwa 25 Minuten backen. Nach kurzem Abstehen aus der Form nehmen und am besten mit einem Elektromesser in Portionsstücke schneiden.
Die Suppe in vorgewärmte tiefe Teller verteilen und mit etwas geschlagenem Rahm sowie mit Kürbiskernöl und Kürbiskernen garnieren. Die Tarte getrennt dazu reichen.

Soupe dorée aux saveurs océannes

Meeresfrüchtesuppe mit Curry

Crème et tarte de courge

Kürbiscremesuppe mit Kürbistarte

Aus Entenleber

«Entenleber ist immer etwas Festliches. Und festlich soll ein Essen im ‹Fletschhorn› ja jeden Tag sein. Besonders Terrinen erlauben viele Variationen, zu Kugeln, Würfeln, Rouladen oder gar zu einer Tourte mit Apfelgelee geformt. Denn festlich ist nicht nur das Aroma, die einzigartige schmelzende Wirkung auf der Zunge, auch die Präsentation soll festlich sein und die Gäste überraschen.

Ich arbeite am liebsten mit Entenleber; sie ist geschmackvoll und fein in der Konsistenz. Allerdings darf man sie nicht überwürzen; der zarte, unaufdringliche Geschmack muss erhalten bleiben und

sollte nicht von Portwein oder Cognac erschlagen werden.

Entenleber knusprig zu braten ist keine Kunst und, wenn man eine schnittfeste Leber hat, ein Hochgenuss. Die köstlichen braunen ‹Escalopes› lassen sich mit vielem kombinieren, mit Teigwaren wie in meiner Entenleber-Lasagne oder mit Fleisch. Ich liebe dieses Produkt in all seinen Variationen; es ist stets der Auftakt zu einem genussvollen, festlichen Mahl und wird es für mich auch bleiben.»

Terrine de foie de canard

Entenleberterrine

Etwa 1 Stunde vor der Zubereitung die Leber aus dem Kühlschrank holen und Zimmertemperatur annehmen lassen. Anschliessend mit einem Messer die feine Aussenhaut abziehen. Die Leberlappen auseinanderklappen und die Adern mit den Fingern freilegen und entfernen. Die dabei anfallenden Leberstückchen durch ein Haarsieb streichen und zur Leber geben.
Die Würzung ist Geschmacksache. Irma würzt behutsam mit den Alkoholika und dem Salz, um den Eigengeschmack der Leber nicht zu beeinträchtigen. Sie fügt pro halbes Kilo Leber einen halben Teelöffel Zucker hinzu.
Eine Terrinenform mit Klarsichtfolie auslegen und die gewürzten Leberstücke so hineinpressen, dass keine Hohlräume entstehen. Die Terrine mit der Folie verschliessen und leicht beschweren. Über Nacht im Kühlschrank marinieren lassen.
Danach den Backofen auf 180 Grad aufheizen und abschalten. Die Terrine in einem kalten Wasserbad 15 bis 20 Minuten in den allmählich auskühlenden Ofen stellen, bis sich auf ihrer Oberfläche eine dünne Fettschicht abgesetzt hat. Die Terrine herausnehmen und in den Kühlschrank stellen. Erst am nächsten Tag weiterverarbeiten.
Irmas Entenleberterrine ist das Ausgangsprodukt für viele ihrer Kreationen.

Weinempfehlung
Halbsüsse und süsse Walliser Spätlesen: Malvoisie, Amigne, Aligoté, Petite Arvine

2 Entenstopflebern von zusammen etwa 800 g
je 1 Spritzer Portwein, Madeira und Cognac
1 gestrichener Teelöffel feiner Zucker
Salz, Pfeffer aus der Mühle

Dés de foie de canard aux truffes, gelée au porto

Entenleberwürfel mit schwarzen Trüffeln und Portweingelee

Die Terrine mit einem zuvor in heisses Wasser getauchten Messer in 6 etwa 1½ Zentimeter dicke Scheiben schneiden. Zwei davon auf einem im Kühlschrank vorgekühlten Brett nebeneinander legen und mit dem Messer glattstreichen.
Die Trüffeln unter fliessendem kaltem Wasser gründlich abbürsten. Anschliessend in feine Lamellen schneiden. Die beiden Terrinenscheiben mit einem Drittel der Trüffellamellen dicht belegen. Die nächsten 2 Terrinenscheiben darüber legen, vorsichtig anpressen und glattstreichen. Mit dem zweiten Drittel der Trüffellamellen belegen und mit den beiden letzten Terrinenscheiben bedecken. Darüber die restlichen Trüffellamellen geben und alle Schichten gut aufeinanderpressen.
Ein grosses Stück Klarsichtfolie so oft zusammenfalten, dass es als feste Manschette um den Entenleberwürfel gelegt werden kann und diesen um etwa 1 Zentimeter überragt. Keine Aluminiumfolie verwenden! Die Manschette an allen Seiten fest andrücken – besonders an der Oberkante des Würfels. Nun lässt sich der abgekühlte Portweingelee aufgiessen, ohne dass er an den Rändern hinunterläuft. Den Würfel in den Kühlschrank setzen, bis der Gelee erstarrt ist. Danach die Folie vorsichtig abziehen.
Für die Sauce den Portwein zu sirupartiger Konsistenz einkochen.
Vor dem Anrichten den Würfel in 8 gleich grosse Teile schneiden und auf vorgekühlte Teller verteilen. Mit der Portweinsauce umträufeln und mit etwas Meersalz (Fleur de sel) und frisch gemahlenem Pfeffer umstreuen.

Tip
Für diese Kreationen verwendet Irma «Fleur de sel», ein reinweisses Meersalz, das besonders fein würzt. Es lagert sich als feinflockige Schicht auf der Oberfläche der Salzgärten ab, wird von Hand abgeschöpft und an der Sonne getrocknet.

Weinempfehlung
Halbsüsse und süsse Walliser Spätlesen: Malvoisie, Amigne, Aligoté, Petite Arvine

400 g Entenleberterrine
80 g schwarze Trüffeln
1 dl flüssiger Portweingelee
4 dl Portwein
Meersalz (Fleur de sel), Pfeffer aus der Mühle

Roulade de foie de canard aux pruneaux

Entenleberroulade im Pflaumenmantel

Die Dörrpflaumen längs einschneiden, auseinanderklappen und entsteinen. Mit der Hautseite nach unten zu einem etwa 15 Zentimeter breiten Streifen eng aneinander auf ein grosses Stück Klarsichtfolie legen. Mit einem zweiten Stück Klarsichtfolie bedecken und mit einem Rundholz auf 1 bis 2 Millimeter Dicke auswallen. In Irmas Küche wird dabei die obere Folie ein bis zwei Mal gewechselt, damit die Pflaumen nicht daran haften bleiben.
Anschliessend die obere Folie entfernen und die Pflaumen mit der in Scheiben geschnittenen Entenleberterrine bedecken; dabei ringsum einen schmalen Rand lassen. Die Terrinenscheiben Raumtemperatur annehmen lassen, damit sie geschmeidig werden. Danach daraus mit Hilfe der unteren Folie eine Roulade formen. Die Roulade in den Kühlschrank stellen. Vor dem Anrichten in Scheiben schneiden.
Mit Hilfe eines Förmchens Ornamente aus dem erstarrten Portweingelee ausstechen.
Gekühlte Teller mit Meersalz, geschrotetem schwarzem Pfeffer und gezupftem Thymian bestreuen. Darauf je 2 Rouladenscheiben plazieren. Je ein Ornament aus Portweingelee daneben legen und warme Briochebrötchen dazu reichen.

Weinempfehlung
Halbsüsse und süsse Walliser Spätlesen: Malvoisie, Amigne, Aligoté, Petite Arvine

400 g Entenleberterrine
200 g saftige Dörrpflaumen (z.B. Pruneaux d'Agen)
Meersalz (Fleur de sel), grob gemahlener schwarzer Pfeffer
Portweingelee und gezupfter frischer Thymian als Garnitur
Briochebrötchen als Beilage (Grundrezept Seite 195)

Terrine de foie de canard

Entenleberterrine

Dés de foie de canard
aux truffes, gelée au porto

Entenleberwürfel mit schwarzen Trüffeln und Portweingelee

Roulade de foie de canard
aux pruneaux

Entenleberroulade im Pflaumenmantel

Tourte de foie de canard et sa truffe, gelée aux pommes

Entenlebertourte und Entenlebertrüffel mit Apfelgelee

500 g Entenleberterrine, 300 g für die Tourte und 200 g für die Kugeln
Briocheteig (Grundrezept Seite 195)
3 dl Portwein
6 dl Apfelsaft
80 g gehackte Trüffeln
Meersalz (Fleur de sel), Pfeffer aus der Mühle

Nur etwa ein Viertel des Briocheteigs aus der im Grundrezept angegebenen Zutatenmenge für die Tourte verwenden. Den restlichen Teig nach Belieben zu Briochebrötchen verbacken.
Den Teig in einen Tortenring von 14 Zentimeter Durchmesser und 6 Zentimeter Höhe geben, gehen lassen und bei 200 Grad etwa 12 Minuten backen. Nach dem Auskühlen eine 1½ Zentimeter dicke Briochescheibe davon waagerecht abschneiden und bereithalten.
Einen Ring von gleichem Durchmesser auf ein im Kühlschrank vorgekühltes Brett setzen. Mit einer 1½ Zentimeter dicken Schicht Entenleberterrine auslegen und diese mit einem in heisses Wasser getauchten Spachtel glattstreichen. Mit der ebenso dicken Briochescheibe belegen und diese mit etwas Portwein beträufeln. Darüber eine weitere Schicht Entenleberterrine geben und glattstreichen. Die Tourte im Kühlschrank bereithalten.
Den restlichen Portwein zu sirupartiger Konsistenz einkochen. In eine Spritztülle füllen und bereithalten.
Für die «Glasur» den Apfelsaft auf einen halben Deziliter einkochen, abkühlen lassen und die Tourte damit überziehen.
Für die Kugeln die restlichen 200 Gramm Entenleberterrine in 4 gleich grosse Stücke schneiden. In einem feuchten Tuch zu 4 Kugeln drehen, in fein gehackten Trüffeln wälzen und kühl stellen.
Zum Anrichten die Tourte mit einem zuvor in heisses Wasser getauchten Messer aus dem Ring lösen und in Portionsstücke schneiden. Je ein Portionsstück und eine Trüffelkugel auf 4 Teller plazieren und mit etwas Meersalz und Pfeffer aus der Mühle umstreuen. Mit Tupfern des eingekochten Portweins garnieren.

Weinempfehlung
Halbsüsse und süsse Walliser Spätlesen: Malvoisie, Amigne, Aligoté, Petite Arvine

Printanière de foie de canard

Entenleberkugel «Printanière»

Die Entenleberterrine in 4 gleich grosse Stücke schneiden, Zimmertemperatur annehmen lassen und in einem feuchten Küchentuch zu 4 Kugeln formen.
Die Gemüsewürfelchen in kochendem Salzwasser 2 bis 3 Minuten blanchieren. Die Lauchwürfel erst am Schluss zufügen, da sie am schnellsten gar sind. In einem Sieb abtropfen und abkühlen lassen. Falls nötig, trockentupfen.
Die Spargeln schälen, in Salzwasser garen und kalt abschrecken. Die Spitzen abschneiden, den Rest in Stückchen schneiden. Würzen und in etwas Butter wieder erwärmen.
Den Apfelsaft auf etwa 2 Esslöffel Apfelsauce einkochen lassen.
Die Entenleberkugeln mit den Gemüsewürfelchen dick panieren und auf 4 Teller verteilen. Mit Spargelspitzen und Spargelstückchen umlegen, mit gezupftem Thymian und Tupfern von Apfelsauce garnieren. Den Tellerrand mit etwas Meersalz und Pfeffer aus der Mühle bestreuen.

Weinempfehlung
Halbsüsse und süsse Walliser Spätlesen: Malvoisie, Amigne, Aligoté, Petite Arvine

200 g Entenleberterrine
je 50 g sehr fein gewürfelte Karotten, Kohlrabi und Lauch
12 grüne Spargeln
1 Teelöffel Butter
6 dl Apfelsaft
gezupfter Thymian
Meersalz (Fleur de sel), Pfeffer aus der Mühle

Portefeuille de lasagne au foie de canard

Lasagnetaschen mit Entenleber gefüllt

Die Nudelteigblätter in sprudelnd kochendem Salzwasser al dente garen, herausheben und in Butter schwenken.
Die Entenleberscheiben salzen, pfeffern und leicht mit Mehl bestäuben. Ohne Fett in einer Teflonpfanne beidseitig anbraten und in der Pfanne kurz abstehen lassen.
Die Portweinsauce stark einreduzieren und in eine Spritztülle aus Papier füllen (siehe Tip).
Die Teigblätter locker falten und auf 4 vorgewärmte Teller plazieren. In jedes Teigblatt eine Scheibe gebratene Entenleber legen. Mit der Portweinsauce dekorativ umgiessen.

Tip
Spritztüllen werden aus Backtrennpapier oder Pergamentpapier geformt, indem man aus dem Papier ein Dreieck mit einer Seitenlänge von 30 Zentimeter und zwei Seitenlängen von je 22 Zentimeter schneidet. Das Dreieck zu einem spitzen Tütchen drehen. Die Spitze des Tütchens abschneiden, so dass ein Trichter entsteht, dabei kann die Grösse der Öffnung variiert werden. Mit solch einer Spritztülle lassen sich auch Schokoladen- und süsse Fruchtsaucen aufspritzen.

Weinempfehlung
Vollreife Rotweine, auch aus der Barrique: Syrah, Humagne rouge, Assemblages, Côtes-du-Rhône, Cahors

4 dünne quadratische Nudelteigblätter von je 15 cm Seitenlänge
4 Scheiben frische Entenstopfleber von fester Konsistenz zu je 50 g
Butter zum Schwenken
Mehl zum Bestäuben
etwas Portweinsauce (siehe Rezept «Dés de foie de canard», Seite 36)
Salz, Pfeffer aus der Mühle

Tourte de foie de canard et sa truffe,
gelée aux pommes

Entenlebertourte und Entenlebertrüffel mit Apfelgelee

Printanière de foie de canard

Entenleberkugel «Printanière»

Aus Lachsforellen

«Ich arbeite gern mit Seeforellen. Sie sehen dem Lachs ähnlich, sind jedoch feiner im Geschmack. Für meine Rezepte lässt sich aber auch dieser Fisch verwenden. Grosse Exemplare – unsere grösste Forelle wog 12 Kilogramm! – können mariniert und kalt geräuchert zu unendlich vielen kalten Gerichten verarbeitet werden, zu Tatar, Mousse, Rouladen und Terrinen. Der Phantasie sind keine Grenzen gesetzt, vor allem wenn man ein Produkt liebt und sich von ihm gefangennehmen lässt. Mich fasziniert die Ästhetik des mattroten Fischfleisches, und ich achte darauf, dass bei meinen Gerichten das Auge nie zu kurz

kommt, dass diese zarte Farbe mit Grün, Weiss oder Schwarz eine Harmonie bildet. Regenbogen- und Bachforellen sind in meiner Küche ebenfalls stets zugegen; sie erinnern mich an die sprudelnden Gewässer, aus denen sie stammen. Auch sie lassen sich räuchern, sind aber in ihrer unverfälschten Frische ebenfalls ein Hochgenuss.»

Truite saumonée à la norvégienne

Geräuchertes Lachsforellenfilet an Honig-Senf-Sauce

Die Lachsforelle filetieren, dabei die Haut nicht abziehen. Das Rauchsalz mit dem Meersalz, dem Zucker und frisch gemahlenem weissem Pfeffer vermischen. Ein Lachsfilet mit der Hautseite nach unten in eine Gratinform legen und mit der Gewürzmischung sowie dem gezupften Dill bestreuen. Das zweite Filet mit der Hautseite nach oben darüberlegen. Mit Weisswein übergiessen und mit Klarsichtfolie abdecken. Im Kühlschrank 2 Tage marinieren, dabei die Fischfilets vier- bis fünfmal wenden. Danach die Fischfilets über Nacht an der Luft – Irma meint, «an der Bergluft» – trocknen lassen. Im Räucherofen kalt räuchern.
Für die Honig-Senf-Sauce den Senf mit dem flüssigen Honig, dem Fischfond, dem Olivenöl und der flüssigen Butter verrühren. Mit Salz und frisch gemahlenem Pfeffer würzen. Den Dill sowie den Schnittlauch zufügen.
Aus jeder Lachsforellenseite 8 Querstreifen schneiden. Je 2 Streifen auf die Teller plazieren und mit der Sauce umgiessen.
Die angegebene Menge reicht für etwa 8 Portionen.

Weinempfehlung
Fendant, Pinot blanc, Sancerre

1 Lachsforelle von etwa 2½ kg
1 Teelöffel Rauchsalz
100 g Meersalz (Fleur de sel)
1 Teelöffel Zucker
weisser Pfeffer aus der Mühle
100 g gezupfter Dill
3 dl Weisswein

Für die Sauce:
50 g grobkörniger Senf
1 Esslöffel flüssiger Honig
3 Esslöffel Fischfond (Grundrezept Seite 192)
2½ Esslöffel Olivenöl
20 g flüssige Butter
fein geschnittener Dill und Schnittlauch
Salz, Pfeffer aus der Mühle

Roulade nacrée, coulis d'osciètre

Rauchfischroulade an Kaviardressing

Auf einer Klarsichtfolie, die man über ein Brett oder eine Mamor platte spannt, ein Rechteck von 20×30 Zentimeter mit den dünn geschnittenen Lachsforellenscheiben auslegen. Mit einer zweiten Folie bedecken und mit dem Rundholz vorsichtig flachpressen. Die obere Folie abziehen und den Fisch mit den zuvor blanchierten Spinatblättern gleichmässig belegen. Die Spinatschicht mit Salz und frisch gemahlenem Pfeffer würzen.
Den rohen weissfleischigen Fisch ebenfalls in dünne Scheiben schneiden und damit die Spinatschicht belegen. Mit Klarsichtfolie überziehen und mit dem Rundholz glätten. Die obere Folie entfernen und das Ganze mit Hilfe der unteren Folie zu einer Roulade aufrollen.
Für das Dressing die beiden Öle mit dem Gemüsefond und dem Senf verquirlen und mit Salz und Pfeffer abschmecken. Zuletzt den Kaviar unterheben.
Vor dem Anrichten die Roulade mit einem elektrischen Messer in etwa 1 Zentimeter dicke Scheiben schneiden. Je 3 Scheiben auf die Teller verteilen und mit einigen Salatblättern und gezupftem Dill garnieren. Mit dem Kaviardressing umgiessen.

Weinempfehlung
Trockener Petite Arvine, Pinot blanc, Sancerre

300 g geräuchertes Lachsforellenfilet, in dünne Scheiben geschnitten
300 g fangfrisches Dorade- oder Seeteufelfilet ohne Haut
200 g entstielter Spinat
Salz, Pfeffer aus der Mühle
einige Salatblätter und gezupfter Dill als Garnitur

Für das Dressing:
2 Esslöffel Traubenkernöl
1 Esslöffel Walnussöl
1 dl Gemüsefond
1 Teelöffel Senf
2 Teelöffel Kaviar (Osietra)

Sashimi de truite saumonée en habit vert

Sashimi von der Lachsforelle im Lauchmantel

Das Lachsforellenfilet ist, wie im Rezept auf Seite 46 angegeben, mariniert, jedoch nicht geräuchert. Es wird quer in 8 fingerbreite Streifen geschnitten.
Die gründlich gewaschenen grünen Teile des Lauchs in Salzwasser blanchieren, kalt abschrecken und abtropfen lassen. Mit einem Filetiermesser die Blätter spalten, das heisst, das Messer an der Schmalseite ansetzen und durch das Blatt hindurchziehen.
Je 2 Forellenstreifen so aufeinander legen, dass der dickere Teil des ersten auf dem dünneren Teil des zweiten liegt, damit ein gleichmässig dickes Päckchen entsteht. Dünn mit Wasabipaste oder Tafelmeerrettich einstreichen und mit den Lauchstreifen umwickeln.
Die Päckchen mit einem sehr scharfen Messer in Stücke von etwa 3 Zentimeter Länge schneiden. Auf gekühlten Tellern anrichten, mit Salatblättern und Zwiebelsprossen garnieren und mit Rogen und nach Belieben mit fein geschnittenen Kräutern umstreuen. Mit einer Vinaigrette, der man etwas Kürbiskernöl beigegeben hat, beträufeln.

Tips
Wasabi ist eine scharfe japanische Meerrettichpaste, die in Spezialgeschäften erhältlich ist. Man kann sie durch einen guten Tafelmeerrettich ersetzen.

Weinempfehlung
Rèze, Fendant, Sancerre, Chablis

400 g mariniertes Lachsforellenfilet ohne Haut
1–2 Lauchstangen, nur den grünen Teil
1 Teelöffel Wasabipaste oder Tafelmeerrettich
1 Esslöffel Forellen- oder Lachsrogen
Zwiebelsprossen, Salatblätter und frische Kräuter als Garnitur
Vinaigrette (Grundrezept Seite 193)
Kürbiskernöl

Tartare de truite et de sandre, sauce safranée

Forellen-Zander-Tatar an Safranvinaigrette

Das Forellen- und das fangfrische Zanderfilet in Würfelchen von Brunoise-Grösse schneiden. Mit den Schalottenwürfeln vermischen und mit Salz, frisch gemahlenem Pfeffer, Zitronensaft und einem Schuss Champagner kräftig abschmecken.
Das Tatar in Metallringe von etwa 5 Zentimeter Durchmesser füllen und mit Kaviar belegen. Je einen gefüllten Ring mit einem Spachtel auf die vorgekühlten Teller plazieren und die Metallringe vorsichtig abheben.
Die Zutaten zur Vinaigrette verrühren und das angerichtete Tatar damit umgiessen.

Weinempfehlung
Lafnetscha, Fendant, Walliser Chardonnay, Chablis

200 g mariniertes oder geräuchertes Lachsforellenfilet
100 g fangfrisches Zanderfilet
2 kleine Schalotten, fein gewürfelt
1 Spritzer Zitronensaft
1 Schuss Champagner
4 Teelöffel Kaviar
Salz, Pfeffer aus der Mühle

Für die Vinaigrette:
2 Esslöffel Apfelessig
4 Esslöffel Traubenkernöl
2 Esslöffel heisser Fischfond (Grundrezept Seite 192), aromatisiert mit 20 Safranfäden
1 Teelöffel Senf

Truite saumonée à la norvégienne

Geräuchertes Lachsforellenfilet an Honig-Senf-Sauce

Roulade nacrée, coulis d'osciètre

Rauchfischroulade an Kaviardressing

Sashimi de truite saumonée
en habit vert

*Sashimi von der Lachsforelle
im Lauchmantel*

Tartare de truite
et de sandre, sauce safranée

Forellen-Zander-Tatar an Safranvinaigrette

Rillettes de truite fumée

Rauchforellen-Rillette

Im Cutter 200 Gramm geräuchertes Forellenfilet mit der Crème fraîche und dem Joghurt pürieren. Das restliche Filet in kleine Würfel schneiden. In einer Schüssel über Eis das Püree mit dem geschlagenen Rahm vorsichtig verrühren. Mit Salz, frisch gemahlenem weissem Pfeffer und einigen Spritzern Zitronensaft abschmecken. Anschliessend die Fischwürfel unterheben. Zugedeckt in den Kühlschrank stellen.
Für die Sauce die Crème fraîche mit dem Rahm verrühren. Mit Salz und weissem Pfeffer würzen und etwas Kaviar oder Forellenrogen unterheben.
Vor dem Servieren mit einem zuvor in heisses Wasser getauchten Löffel von der gekühlten Rillette Nocken abstechen, diese auf Teller plazieren und mit der Sauce überziehen.

Tip
Irma serviert die Rillette manchmal auch in kleinen Tassen und überzieht sie mit gelierendem Fischfond.

Weinempfehlung
Fendant, Johannisberg, Arvine, Amigne (trocken), Chablis, Entre-deux-mers

250 g frisch geräuchertes Forellenfilet
2 Esslöffel Crème fraîche
4 Esslöffel Joghurt nature
2 dl geschlagener Rahm
einige Spritzer Zitronensaft
Salz, weisser Pfeffer aus der Mühle

Für die Sauce:
1 dl Crème fraîche
1 dl flüssiger Rahm
Kaviar oder Forellenrogen

Escalope de truite sur effilochée d'endives

Scheiben von der Lachsforelle auf Chicoréestreifen

Den Chicorée längs halbieren und quer in dünne Streifen schneiden. Den Zitronensaft mit 1 Prise Zucker, Salz und frisch gemahlenem Pfeffer verrühren und über die Streifen träufeln.
Die Chicorée-Streifen, in 4 Portionen geteilt, in eine grosse Gratinform häufen. Darauf die etwa 2 Millimeter dünn geschnittenen Forellenscheiben setzen, mit 1 Esslöffel Vinaigrette beträufeln und mit den Gemüsewürfelchen bestreuen. In den auf 240 Grad vorgeheizten Ofen schieben und 2 bis 3 Minuten garen. Der Fisch soll warm, aber innen noch etwas glasig sein.
Die Forellenscheiben vor dem Servieren nochmals mit 1 Esslöffel Vinaigrette überziehen. Auf vorgewärmten Tellern anrichten und je einen halbierten, in einer Teflonpfanne angebräunten Chicorée sowie kleine, in Butter geschwenkte Kartoffeln dazu reichen.

Weinempfehlung
Fendant, trockener Petite Arvine, Dorin, Perlan, Riesling×Sylvaner

4 Köpfe Chicorée (Brüsseler Endivien)
Saft von 1 Zitrone
1 Prise Zucker
8 dünne Scheiben rohe Lachsforelle
2 Esslöffel Vinaigrette (Grundrezept Seite 193)
1 Esslöffel Gemüsebrunoise (Karotten, Lauch, Sellerie)
Salz, Pfeffer aus der Mühle

Triangles de truite aux langoustines

Langustinenterrine im Lachsforellenmantel

Das geräucherte Lachsforellenfilet wie Räucherlachs in dünnen Scheiben aufschneiden. Die Scheiben überlappend zwischen zwei Klarsichtfolien legen und mit dem Rundholz vorsichtig zu einem gleichmässig dünnen Rechteck pressen. Danach die obere Folie vorsichtig abziehen.
Das ausgelöste rohe Langustinenfleisch im Cutter grob zu einem Tatar zerkleinern. Mit Salz und frisch gemahlenem Pfeffer würzen. Einen nach dem Grundrezept auf Seite 192 zubereiteten Fischfond auf 1 dl einkochen lassen, so dass er geliert.
Eine schmale Terrinenform von einem halben Liter Fassungsvermögen mit einem Lachsforellenmantel auskleiden, indem man das vorbereitete Lachsforellenrechteck mit der Folienseite nach unten in die Form legt. Der «Mantel» muss die Ränder der Form so weit überlappen, dass man die gefullte Form damit abdecken kann.
Zuerst den Kaviar einfüllen, dann das gewürzte Langustinenfleisch darüberstreichen und mit dem gelierenden Fischfond übergiessen. Den überstehenden Lachsforellenmantel darüberklappen und anpressen.
Die Terrine vorsichtig beschweren und für mindestens 3 Stunden in den Kühlschrank stellen.
Anschliessend die Terrine stürzen und die Klarsichtfolie entfernen.
Mit dem elektrischen Messer in etwa 1 Zentimeter dicke Scheiben schneiden. Auf gekühlten Tellern anrichten und mit etwas Kresse garnieren.
Nach Belieben Würfel aus übereinandergeschichtetem, gebuttertem Roggenbrot als Beilage servieren.

Tip
Irma benutzt für dieses Gericht eine eigens für sie angefertigte Terrine in Dreiecksform. Selbstverständlich kann man die Langustinenterrine auch in einer anderen Form zubereiten.

Weinempfehlung
Petite Arvine, Viognier, Riesling×Sylvaner, Chardonnay, Champagner

200 g geräuchertes Lachsforellenfilet
200 g rohes ausgelöstes Langustinenfleisch (Scampi)
1 dl gelierender Fischfond (Grundrezept Seite 192)
50 g Kaviar
Salz, Pfeffer aus der Mühle
Kresse als Garnitur

Triangles de truite aux langoustines

Langustinenterrine im Lachsforellenmantel

Aus Fischen und Muscheln

«Ich habe das Glück, auch auf 1800 Metern über Meer mit Meeresfischen und anderen Salzwassertieren kochen zu können. Die heutigen Transportmittel machen es möglich. Ohne Austern, ohne einen Saint-Pierre oder einen Rouget, ohne die Vielzahl von Muscheln ist meine Gourmetküche einfach nicht denkbar.

Meeresfische und Muscheln haben einen prononcierteren Geschmack als Süsswasserfische und lassen sich deshalb mit stärkeren Aromen verbinden, mit Curry zum Beispiel. Einen besonderen Reiz hat es auch, sie mit Erzeugnissen aus unserer Bergregion zu kombinieren, etwa mit Pilzen aus den Wäldern rund um unser Haus, mit Gerste,

Nüssen oder dem Safran aus Mund. Nicht zu vergessen die Saucen, immer auf guten Fonds aufgebaut, die das Wechselspiel der Aromen akzentuieren und harmonisieren. Mir schmecken aber auch ganz einfache Zubereitungen, etwa die fritierten Acquadelles, die mich an die kleinen, unkomplizierten Restaurants an der Küste und den Blick hinaus auf die Fanggründe erinnern.»

Saint-Jacques et scampi au curry

Jakobsmuscheln und Scampi an Currysauce

4 grosse Jakobsmuscheln ohne Corail
40 g geklärte Butter
4 Scampi, ausgebrochen und entdärmt
100 g fein geschnittene Gemüsestreifen
1 geschälte Kartoffel, in feine Scheiben gehobelt
4 entstielte Spinatblätter
Salz, weisser Pfeffer aus der Mühle
Öl zum Fritieren

Für die Currysauce:
2 mittelgrosse Zwiebeln, fein gewürfelt
4 Knoblauchzehen
30 g Butter
1 geschälter Apfel
1 Esslöffel Kurkuma
2 Teelöffel Currypulver
2 frische Zitronenblätter
4 getrocknete Curryblätter
1 l heller Geflügelfond (Grundrezept Seite 190)
1 dl Kokosmilch
200 g pürierte frische Ananas

Die Jakobsmuscheln abspülen, trockentupfen und mit Salz und frisch gemahlenem weissem Pfeffer würzen. In geklärter Butter von beiden Seiten kurz anbraten. Die Scampi nur 2 Minuten im 250 Grad heissen Backofen garen. Sie sollen innen glasig bleiben.
Für die Currysauce die gewürfelten Zwiebeln und die durchgepressten Knoblauchzehen in der Butter andünsten. Den Apfel hineinraffeln, das Kurkuma- und Currypulver einrühren. Die Zitronen- und Curryblätter zugeben und die Geflügelbrühe angiessen. Unter gelegentlichem Rühren 2 Stunden im offenen Topf köcheln lassen. Gegen Ende der Kochzeit die Kokosmilch und das Ananaspüree einrühren. Die Sauce abschmecken und durch ein Sieb streichen. – Da die Sauce eine lange Kochzeit hat, muss sie in einer grösseren Menge, als für dieses Gericht benötigt wird, zubereitet werden. Die restliche Sauce kann 1 bis 2 Tage im Kühlschrank aufbewahrt werden.
Die Gemüsestreifen, die Kartoffelscheiben und die Spinatblätter nacheinander in heissem Öl knusprig fritieren. Herausheben, leicht salzen und auf Küchenpapier entfetten.
Vorgewärmte Teller mit einem Currysaucenspiegel ausgiessen. Darauf die Jakobsmuscheln und die Scampi verteilen. Mit den fritierten Gemüsestreifen, den fritierten Spinatblättern und den Kartoffelchips garnieren.

Weinempfehlung
Fruchtiger Petite Arvine, Amigne, Marsanne blanche, Condrieu

Beignets d'asperges, Saint-Jacques et morilles farcies

Spargeln im Ausbackteig mit Jakobsmuscheln und gefüllten Morcheln

Die Morcheln entstielen, gründlich abspülen und abtropfen lassen.Das Fischfilet würfeln und im Cutter mit dem Rahm zu einer feinen Farce verarbeiten. Mit Salz und frisch gemahlenem Pfeffer würzen. Die Morcheln mit der Farce füllen und in 20 Gramm Butter andünsten.
Den Fischfond mit den Schalottenwürfeln vermischen, zum Kochen bringen, auf die Hälfte reduzieren und abschmecken. Die restliche Butter in kleinen Flocken einschwingen. Die gefüllten Morcheln hineinlegen und darin ziehen lassen. Zuletzt ein wenig fein geschnittene Petersilie einstreuen.
Die Jakobsmuscheln würzen und in 20 Gramm Bratbutter von beiden Seiten kurz, aber scharf anbraten.
Aus Tempuramehl und Eiswasser einen Ausbackteig rühren. Die Spargeln in kurze Abschnitte schneiden, in kochendem Salzwasser blanchieren und abtropfen lassen. Anschliessend durch den Ausbackteig ziehen und in der restlichen Bratbutter schwimmend ausbacken. Auf Küchenpapier entfetten und leicht salzen.
Auf die Mitte der vorgewärmten Teller die Jakobsmuscheln plazieren. Mit der Spargeltempura sowie den gefüllten Morcheln umlegen und mit der Morchelsauce umgiessen.

Weinempfehlung
Trockener Johannisberg, Altesse, Riesling, Arneis

- *12 frische Morcheln*
- *100 g Seeteufelfilet*
- *1 dl Rahm*
- *70 g Butter*
- *2 dl Fischfond (Grundrezept Seite 192)*
- *1 fein gewürfelte Schalotte*
- *8 Jakobsmuscheln ohne Corail*
- *125 g Bratbutter*
- *50 g Tempuramehl*
- *50 ml Eiswasser*
- *12 weisse oder grüne Spargeln, geschält*
- *etwas fein geschnittene Petersilie*
- *Salz, Pfeffer aus der Mühle*

Fricassée de Saint-Jacques au gingembre

Jakobsmuschelfrikassee mit frischem Ingwer

Die Jakobsmuscheln kalt abspülen und trockentupfen. Waagerecht halbieren.
Die Ingwerwurzel waschen und in einem Fond aus halb Wasser und halb Weisswein einmal kräftig aufkochen. Vom Feuer nehmen und im Fond erkalten lassen. Danach schälen und in kleine Würfel schneiden. – Es werden nur 1 Esslöffel Ingwerwürfel und wenig Ingwerfond benötigt. Den Rest für ein anderes Gericht verwenden.
Die Kefen in kochendem Salzwasser blanchieren, herausheben und abtropfen lassen. In 20 Gramm Butter schwenken, würzen und warm halten.
Den Fischfond auf ein Drittel reduzieren. Einen Esslöffel Ingwerwürfel und etwas Ingwerfond einrühren. Die restliche Butter in kleinen Flocken einschwenken und die Sauce mit einigen Spritzern Zitronensaft abschmecken.
Die Jakobsmuscheln in einer Teflonpfanne kurz, aber scharf von beiden Seiten anbraten. Mit Salz und Pfeffer würzen und mit den Kefen vermischen. Auf vorgewärmten tiefen Tellern anrichten und mit der Ingwersauce überziehen.
Mit Tomatenwürfelchen und fein geschnittener Petersilie bestreuen.

Weinempfehlung
Altesse, Ermitage, trockener Gewürztraminer, trockener Muscat

- *12 Jakobsmuscheln ohne Corail*
- *1 walnussgrosses Stück Ingwerwurzel*
- *1 dl Wasser*
- *1 dl trockener Weisswein*
- *200 g Kefen (Kaiserschoten)*
- *80 g Butter*
- *2 dl Fischfond (Grundrezept Seite 192)*
- *einige Spritzer Zitronensaft*
- *1 geschälte Tomate, in kleine Würfel geschnitten*
- *etwas fein geschnittene Petersilie*
- *Salz, Pfeffer aus der Mühle*

Links:

Saint-Jacques et scampi au curry

Jakobsmuscheln und Scampi an Currysauce

Rechts oben:

Beignets d'asperges, Saint-Jacques et morilles farcies

Spargeln im Ausbackteig mit Jakobsmuscheln und gefüllten Morcheln

Rechts unten:

Fricassée de Saint-Jacques au gingembre

Jakobsmuschelfrikassee mit frischem Ingwer

Filet de loup de mer, risotto d'orge perlé, sauce verte

Wolfsbarschfilet auf Gerstenrisotto mit grüner Sauce

Die Wolfsbarschfilets nach eventuell noch vorhandenen Gräten absuchen und diese mit einer Pinzette herausziehen. In einer Sauteuse die Schalottenwürfel in 10 Gramm Butter andünsten. Die zuvor in reichlich kochendem Salzwasser knapp gegarte Rollgerste beigeben und kurz mitdünsten. Die Hälfte des Fischfonds angiessen, einkochen lassen und den Rahm einrühren. Zuletzt den Gerstenrisotto mit der Kräuterbutter verfeinern und mit Salz und frisch gemahlenem Pfeffer abschmecken.
Den restlichen Fischfond auf ein Drittel einkochen lassen. Danach 20 Gramm Butter in kleinen Flocken einschwenken, um die Sauce zu binden. Den Spinat blanchieren und im Cutter zu einem feinen Püree verarbeiten. Erst kurz vor dem Servieren in die Sauce rühren. Die Sauce würzen, aber nicht mehr kochen lassen.
Die Wolfsbarschfilets salzen und pfeffern. Auf der Hautseite in der Bratbutter braten, bis sich eine schöne Kruste gebildet hat. Danach die Filets wenden, die Pfanne vom Herd ziehen und den Fisch darin kurz ruhen lassen.
Die Gerste in die Mitte der vorgewärmten Teller häufen. Darüber die Wolfsbarschfilets mit der Hautseite nach oben plazieren. Mit der grünen Sauce umgiessen und mit fritierter Petersilie garnieren.

Weinempfehlung
Ermitage, Chardonnay (Barrique), Hermitage blanc, fruchtiger Sancerre

4 Wolfsbarschfilets mit Haut zu je 80 bis 100 g
8 Esslöffel knapp gegarte Rollgerste
1 gewürfelte Schalotte
30 g Butter
1 dl Rahm
50 g Kräuterbutter (Grundrezept Seite 194)
3 dl Fischfond (Grundrezept Seite 192)
30 g Butter
100 g entstielter Spinat
30 g Bratbutter
1 Bund Petersilie
Öl zum Fritieren
Salz, Pfeffer aus der Mühle

Rouget croustillant aux noix, lichettes de brocolis

Rotbarbenfilet in der Nusskruste mit Broccolistielen

Die Broccolistiele wie Spargel schälen, in dünne Scheiben schneiden und in Salzwasser blanchieren. Herausheben und abtropfen lassen. Die Schalottenwürfel in wenig Butter glasig dünsten. Anschliessend zusammen mit den blanchierten Broccolistielen im Fischfond weich garen. Zuletzt etwa 20 g kalte Butter in den Fond einschwenken, um ihn zu binden.
Die gesalzenen und gepfefferten Rotbarbenfilets beidseitig kurz anbraten. Für die Panade die gehackten Walnüsse mit den Brotbröseln und den fein geschnittenen Kräutern vermischen. Die Filets damit auf der Hautseite bedecken und 1 Minute unter den heissen Grill stellen.
Die Fischfilets auf dem Gemüsebett anrichten und nach Belieben mit gedünsteten Broccoliröschen umlegen.

Weinempfehlung
Halbtrockener Petite Arvine, Roussanne, Marsanne, Hermitage blanc

8 Rotbarbenfilets mit Haut
200 g Broccolistiele
1 gewürfelte Schalotte
20 g Butter
2 dl Fischfond (Grundrezept Seite 192)
40 g Bratbutter
Salz, Pfeffer aus der Mühle

Für die Panade:
50 g gehackte Walnüsse
50 g Brotbrösel
fein geschnittene Kräuter (Schnittlauch, glatte Petersilie)

Rouget poêlé sur chanterelles

Rotbarbenfilet auf Eierschwämmen

Die Rotbarbenfilets sorgfältig entgräten, kalt abspülen und trockentupfen. Die Eierschwämme putzen, grössere halbieren. Den Fischfond auf ein Drittel einkochen. Mit dem Rahm und 50 Gramm Butter binden. Die Sauce mit Salz, Pfeffer und einigen Spritzern Zitronensaft abschmecken.
Die Schalottenwürfel in den restlichen 50 Gramm Butter glasig dünsten. Die geputzten Pilze zufügen, leicht salzen und pfeffern. Sobald sie Flüssigkeit ziehen, die Fischsauce einrühren, etwas fein geschnittenen Schnittlauch unterheben und warm stellen.
Die Rotbarbenfilets leicht salzen und in der heissen Bratbutter von beiden Seiten kurz anbraten.
Mit der Hautseite nach oben auf eine feuerfeste Platte geben und mit der in dünne Scheiben geschnittenen Kräuterbutter belegen. Unter dem heissen Grill oder im Ofen bei starker Oberhitze etwa 30 Sekunden überbacken.
Die Pilze auf vorgewärmte Teller verteilen. Darauf die Rotbarbenfilets plazieren und mit den blanchierten Mangoldstreifen umlegen.

Weinempfehlung
Marsanne, Ermitage, Côtes-du-Rhône blanc

4 Rotbarbenfilets (mit Haut) von je 80 bis 100 g
200 g möglichst kleine Eierschwämme (Pfifferlinge)
2 dl Fischfond (Grundrezept Seite 192)
½ dl Rahm
100 g Butter
einige Spritzer Zitronensaft
1 klein gewürfelte Schalotte
30 g Bratbutter
100 g Kräuterbutter (Grundrezept Seite 194)
4 Mangoldblätter, in Streifen geschnitten
Salz, Pfeffer aus der Mühle

Links oben:

Filet de loup de mer, risotto d'orge perlé, sauce verte

Wolfsbarschfilet auf Gerstenrisotto mit grüner Sauce

Links unten:

Rouget poêlé sur chanterelles

Rotbarbenfilet auf Eierschwämmen

Rechts:

Rouget croustillant aux noix, lichettes de brocolis

Rotbarbenfilet in der Nusskruste mit Broccolistielen

Gelée d'huîtres au caviar

Austern in Aspik mit Kaviar

Die Austern öffnen. Das Austernwasser auffangen und für ein anderes Muschelgericht verwenden. Die Austern aus den Schalen lösen. Die tieferen Schalenhälften ausspülen, die Austern wieder hineinlegen und mit Kaviar und Forellenrogen garnieren.
Den gelierenden Fischfond durch leichtes Erwärmen wieder verflüssigen und die Austern damit überziehen. Im Kühlschrank leicht gelieren lassen. Drei Scheiben entrindetes Roggenbrot mit Butter bestreichen, aufeinanderlegen und mit der vierten Scheibe bedecken. Mit einem Sägemesser in 4 Würfel oder Streifen schneiden.
Je drei Austern in die Mitte der Teller setzen. Mit Salatblättern oder Algen garnieren und je einen Brotwürfel dazulegen.

Weinempfehlung
Sehr trockener Petite Arvine, Champagner

12 Creuse-Austern

4 Teelöffel Kaviar

4 Esslöffel Forellenrogen

1 dl reduzierter gelierender Fischfond (Grundrezept Seite 192)

4 dünne Scheiben Roggenbrot

50 g Butter

Eichblattsalat oder Algen aus dem Austernkorb als Garnitur

Acquadelles sur persil frit

Acquadelle auf fritierter Petersilie

Die Acquadelle – sardinengrosse Meerfische, die in Italien in eine «frittura mista» gehören – salzen und pfeffern. Durch Milch ziehen, in Mehl wenden und in der heissen Bratbutter schwimmend ausbacken. Herausheben, auf Küchenpapier entfetten und leicht nachsalzen.
Die gewaschene und gründlich trockengetupfte Petersilie im gleichen Fett fritieren. Herausheben und leicht salzen.
Die Fischchen auf einer vorgewärmten Servierplatte anrichten und mit der fritierten Petersilie umlegen. Zitronenscheiben dazu reichen.

Weinempfehlung
Chasselas, Fendant, Aligoté, grüner Veltliner

500 g Acquadelle
2 dl Milch
Mehl zum Bestäuben
125 g Bratbutter
1 Bund krause Petersilie
Salz, Pfeffer aus der Mühle

Gelée d'huîtres au caviar

Austern in Aspik mit Kaviar

Aus Krustentieren

«Zum Essen gehört auch das Träumen. Gerade Hummer und Langustinen lassen mich an den Ozean denken, an die unendliche Weite, die ich hier oben manchmal vermisse.

Hummer eröffnen ein weites Feld verschiedenster Kombinationen: Süss oder scharf, warm oder kalt überraschen sie den Gaumen immer wieder aufs neue. Allerdings, nicht jede Sauce und jedes Gewürz verbindet sich harmonisch mit diesem charaktervollen, leicht süsslichen Fleisch. Mir gefallen vor allem Aromen der asiatischen Küche, Ingwer etwa oder Vanille, die ebenfallls eine süsse Komponente enthalten. Und auch der Wein, den mein Mann dazu auswählt, darf nicht allzu trocken sein.

Flusskrebse und Langustinen fehlen in meiner Küche ebensowenig. Ihr Fleisch ist weniger robust und von zarterem Geschmack. Sie bedürfen einer kräftigen, belebenden Beigabe wie etwa meiner Cidresauce oder eines Curryspiegels.»

Salade de homard aux gousses de vanille

Hummersalat mit Vanillevinaigrette

Die Hummer eiskalt abschrecken. Kopfüber in einen grossen Topf sprudelnd kochendes, mit Meersalz gewürztes Wasser geben und zugedeckt 4 Minuten abkochen. Danach die Scheren abdrehen und auslösen. Den Schwanz längs halbieren und den dunklen Darmstrang entfernen. Das Schwanzfleisch in der Schale lockern, jedoch nicht lösen. Das Hummerfleisch würzen, dünn mit Butter bestreichen und in der Schale 2 Minuten in den 200 Grad heissen Ofen geben.
Die Beinchen für die Garnitur bereithalten.
Einige Stunden vor dem Servieren die Vinaigrette mit dem aus der Vanilleschote geschabten Mark verrühren und zugedeckt ziehen lassen.
Die geputzten Bohnen in Scheibchen schneiden und in gesalzenem Wasser garen. Anschliessend in heisser Butter schwenken und mit Salz und frisch gemahlenem Pfeffer würzen.
Die halbierten Hummerschwänze auf die Teller plazieren und mit dem ausgelösten Scherenfleisch sowie den Beinchen umlegen. Mit den Böhnchen bestreuen und mit der Vanillevinaigrette überziehen.
Das Gericht wird warm serviert.

Weinempfehlung
Walliser Strohweine, Amigne, Côte-de-Beaune blanc, Graves

2 lebendfrische Hummer von je etwa 450 g
50 g Butter
250 g Keniabohnen (Haricots verts)
1 Vanilleschote
Vinaigrette (Grundrezept Seite 193)
Meersalz, Pfeffer aus der Mühle

Homard aux parfums exotiques

Hummer auf exotische Art

Die Hummer eiskalt abschrecken. Kopfüber in einen grossen Topf sprudelnd kochendes, mit Meersalz gewürztes Wasser geben und 4 Minuten abkochen.
Danach die Hummer längs halbieren. Den dunklen Darmstrang entfernen und das Schwanzfleisch lockern, jedoch nicht aus den Schalen nehmen. Das Scherenfleisch auslösen. Schwanz- und Scherenfleisch mit etwa 10 Gramm Butter bestreichen und kurz vor dem Servieren auf einem Blech im Ofen erhitzen.
Den Hummerfond mit dem Ananas- und Passionsfruchtsaft sowie dem Apfelmost verrühren und auf gut die Hälfte einkochen. Mit Salz und frisch gemahlenem Pfeffer abschmecken und die restliche Butter in kleinen Flocken einschwenken.
Die Meerbohnen heiss abspülen und gründlich abtropfen lassen. Anschliessend kurz in etwas Olivenöl sautieren. Nicht salzen.
Die Hummer in der Schale servieren, mit der heissen Sauce überziehen und mit den Meerbohnen umlegen.

Weinempfehlung
Chardonnay, Roussanne blanche, Petite Arvine mi-flétri, Chardonnay aus USA

2 lebendfrische Hummer von je 450 g
50 g Butter
2 dl Hummerfond (Grundrezept Seite 192)
2 dl Ananassaft
Saft von 4 Passionsfrüchten
1 dl Apfelmost (trockener Cidre)
100 g Meerbohnen (salicornes)
1 Esslöffel Olivenöl
Meersalz, Pfeffer aus der Mühle

Cassolette de homard au paprika doux

Hummer-Cassolette an Peperonisauce

Die Hummer, wie im vorigen Rezept angegeben, 4 Minuten abkochen. Danach längs halbieren und den dunklen Darmstrang entfernen.
Das Schwanzfleisch auslösen, in je 4 Medaillons schneiden und mit Salz und frisch gemahlenem Pfeffer würzen. Die Scheren aufbrechen, jedoch das Scherenfleisch nicht auslösen.
Für die Sauce die fein gewürfelte Schalotte in etwas Butter glasig dünsten. Das Paprikapulver einrühren und kurz anziehen lassen. Den Weisswein zugiessen und einkochen. Danach den Hummerfond einrühren und auf die Hälfte reduzieren.
Die Sauce mit Salz und Pfeffer abschmecken und etwa 40 Gramm Butter in kleinen Flocken einschwenken.
Die Frühlingszwiebeln längs halbieren und in grössere Abschnitte schneiden. Die Peperoni halbieren, Stiel und Samenstand entfernen und die Hälften kurz in kochendem Wasser blanchieren. Danach die Haut abziehen und das Fruchtfleisch in kleine Würfelchen (Brunoise) schneiden. Die Zwiebelstreifen und die Peperoniwürfelchen in der restlichen Butter andünsten und mit Salz und frisch gemahlenem Pfeffer würzen.
Die Hummermedaillons auf 4 vorgewärmten Tellern verteilen. Mit je 1 Hummerschere sowie dem Gemüse umstreuen und mit der Sauce umgiessen.

Weinempfehlung
Dôle blanche, Chardonnay, Amigne, Elsässer Riesling

2 lebendfrische Hummer von je etwa 450 g
1 Schalotte
50 g Butter
1 Teelöffel edelsüsses Paprikapulver
1 dl Weisswein
2 dl Hummerfond (Grundrezept Seite 192)
4 Frühlingszwiebeln
1 rote Peperoni (Paprikaschote)
Meersalz, Pfeffer aus der Mühle

Salade de homard aux gousses
de vanille

Hummersalat mit Vanillevinaigrette

Cassolette de homard au paprika doux

Hummer-Cassolette an Peperonisauce

Ecrevisses au cidre et leur chiffonnade de betteraves rouges

Flusskrebse an Apfelweinsauce mit Randenchips

Die Flusskrebse in reichlich sprudelnd kochendem Gemüsefond abkochen, grosse benötigen etwa 4, kleinere etwa 3 Minuten. In Eiswasser handwarm abkühlen und ausbrechen. Die Krebsnasen abdrehen, das Schwanzfleisch auslösen und den dunklen Darmstrang entfernen. Warm stellen.
Die geschälte Rande halbieren. Eine Hälfte in feine Juliennestreifchen, von der anderen 4 sehr dünne Scheiben schneiden (mit der Aufschnittmaschine oder mit einem Gemüsehobel) und den Rest fein würfeln. Die Streifchen und die Scheiben fritieren, auf Küchenpapier abtropfen lassen und leicht salzen.
Für die Sauce den Krebs- oder Hummerfond mit dem Apfelwein vermischen und die Randenwürfel einstreuen. Die Flüssigkeit auf die Hälfte einkochen. Die Sauce mit der Butter binden und mit Salz und Pfeffer abschmecken. Die Apfelwürfel einlegen und in der Sauce gar ziehen lassen.
Die Krebsschwänze in vorgewärmten tiefen Tellern anrichten und mit der Sauce umgiessen. Mit je einer Krebsnase sowie den fritierten Randenchips und -streifen garnieren.

Weinempfehlung
Alter Heida, Roussanne, Rosé de Provence

4 bis 8 Flusskrebse (4 Marrons zu je 150 g oder 8 Yabbies)
1 l Gemüsefond (Grundrezept Seite 190)
2 dl Krebs- oder Hummerfond (Grundrezept Seite 192)
2 dl Apfelwein (trockener Cidre)
50 g Butter
1 Apfel, geschält und in kleine Würfel geschnitten
1 rohe Rande (Rote Bete)
Öl zum Fritieren
Salz, Pfeffer aus der Mühle

Ecrevisses à l'indonésienne

Flusskrebse auf indonesische Art

Die Flusskrebse in reichlich sprudelnd kochendem Salzwasser etwa 3 Minuten abkochen. Das Schwanzfleisch auslösen, jedoch die Schwanzflosse nicht entfernen. Den dunklen Darmstrang herausziehen. Will man die Zangen mitservieren, müssen sie in der Küche aufgebrochen werden.
Für das Kartoffelgitter die geschälten Kartoffeln in Juliennestreifchen schneiden und in 4 Portionen teilen. Jede Portion in dünner Schicht in einer Teflonpfanne in Bratbutter knusprig braten. Dabei die Kartoffelstreifen immer wieder zusammenschieben, damit sich eine Art Gitter ergibt. Herausheben und leicht salzen.
Die Basilikumblätter in ein Sieb legen, mit einem kleineren Sieb andrücken, damit sie sich schön wölben, und fritieren. Die Knoblauchzehen in dünne Blättchen hobeln und ebenfalls knusprig fritieren. Das Zwiebelgrün in feine Ringe schneiden.
Die Krebsschwänze auf einem Currysaucenspiegel anrichten. Mit den fritierten Knoblauchblättchen und dem fein geschnittenen Zwiebelgrün umstreuen. Mit je einem Kartoffelgitter belegen und einem fritierten Basilikumblatt garnieren.

Weinempfehlung
Ermitage, Amigne, Pinot Auxerrois (weiss), Hermitage blanc

12 lebendfrische Flusskrebse (Yabbies)
2 mittelgrosse Kartoffeln
Bratbutter
4 grosse Basilikumblätter
8 geschälte Knoblauchzehen
Öl zum Fritieren
2 Frühlingszwiebeln (nur die grünen Teile)
2 dl Currysauce (siehe Rezept Seite 58)
Salz, Pfeffer aus der Mühle

Ecrevisses au cidre et leur chiffonnade de betteraves rouges

Flusskrebse an Apfelweinsauce mit Randenchips

Ecrevisses à l'indonésienne

Flusskrebse auf indonesische Art

Teigwaren- und Risottoideen

«Dass Teigwaren frisch und hausgemacht sein müssen, ist für mich eine Selbstverständlichkeit. Aus Teigwaren und Reis lassen sich grossartige Gerichte zaubern, die vielfältige Abwandlungen und Variationen erlauben.
Die asiatische Küche, in der Teigwaren und Reis eine grosse Rolle spielen, gab mir viele Anregungen. Meine Dim Sum mit Entenfüllung zum Beispiel sind ‹meine› Dim Sum und keine Imitation. Die ‹Fletschhorn›-Küche im engen Bergtal ist nämlich mit Sicherheit nicht engstirnig. Doch ist es nicht zuletzt ein Walliser Erzeugnis, das für mich und meine Gäste den Risotto zum unvergesslichen Erlebnis

werden lässt und das ich auch gerne in meine Teigwaren verarbeite: der Safran aus dem kleinen Bergdorf Mund, die dunkelroten getrockneten Fäden. Ich kenne keinen besseren, aromatischeren Safran.»

Pâtes truffées en nid d'œuf de caille aux asperges

Wachtelei im getrüffelten Nudelnest mit grünem Spargel

Bei der Zubereitung des Nudelteigs etwa 10 Gramm sehr klein gewürfelte Trüffelstücke einarbeiten. Den Teig, wie im Grundrezept angegeben, ruhen lassen. Danach dünn auswallen und in breite Bandnudeln schneiden.
Vom geputzten Spargel die Spitzen abschneiden und die Stiele in kleinere Abschnitte teilen. In kochendem Salzwasser knapp 5 Minuten blanchieren.
Anschliessend zusammen mit den in Scheiben gehobelten restlichen Trüffeln in etwas Spargelfond und der Butter weich dünsten. Zum Schluss mit Salz und frisch gemahlenem Pfeffer sowie einigen Tropfen Trüffelöl abschmecken.
Inzwischen die Nudeln al dente kochen. In einem Sieb abtropfen lassen und mit dem Spargel vermengen. Die getrüffelten Nudeln und den Spargel auf 4 vorgewärmte tiefe Teller verteilen und in die Mitte je ein pochiertes Wachtelei setzen.

Weinempfehlung
Trockener Johannisberg, Gamay, Beaujolais

300 g Nudelteig (Grundrezept Seite 194)
50 g schwarze Trüffeln
500 g entstielter grüner Spargel
4 pochierte Wachteleier
50 g Butter
einige Tropfen Trüffelöl
Salz, Pfeffer aus der Mühle

Cannellonis des bois

Cannelloni mit feiner Waldpilzfüllung

Die Pilze zerschneiden und in 30 Gramm Butter weich dünsten. Mit Salz und Peffer würzen und abkühlen lassen. Etwa 2 Drittel davon abnehmen und bereithalten.
Das rohe Geflügelfleisch zusammen mit den restlichen Pilzen und dem Rahm im Cutter zu einer feinen Farce verarbeiten. Mit Salz und Pfeffer abschmecken und etwas fein geschnittenen Schnittlauch unterheben.
Den Nudelteig dünn auswallen. Darauf die Farce mit dem Spritzsack im Abstand von etwa 10 Zentimetern in Strängen von 10 Zentimeter Länge aufspritzen. Den Teig mit dem Wasserzerstäuber besprühen, in Rechtecke schneiden und um die Füllung zu Cannelloni rollen. Diese an beiden Seiten zusammendrücken, damit die Füllung beim Garen nicht herausläuft.
Die Cannelloni etwa 3 bis 4 Minuten in siedendem Salzwasser garen. Herausheben und abtropfen lassen.
Den braunen Fond auf etwa die Hälfte einkochen. Die restliche Butter in kleinen Flocken einschwenken, um die Sauce zu binden. Die bereitgehaltenen Pilze in die Sauce einlegen und darin wieder erwärmen.
Die Cannelloni auf vorgewärmte Teller anrichten. Mit der Sauce umgiessen und mit fein geschnittenem Schnittlauch bestreuen. Nach Belieben mit je einer gebratenen Austernpilzkappe garnieren.

Weinempfehlung
Ermitage, gehaltvoller Fendant, Dôle, Gamay, San Giovese

250 g geputze Pilze (Austernpilze, Steinpilze oder gemischte Waldpilze)
50 g Butter
200 g rohes Geflügelfleisch (Huhn oder Perlhuhn)
2 dl Rahm
1 Bund Schnittlauch
250 g Nudelteig (Grundrezept Seite 194)
3 dl brauner Geflügelfond (Grundrezept Seite 191)
Salz, Pfeffer aus der Mühle

Raviole de légumes à l'huile d'olive

Gemüseravioli an Olivenölsauce

- *250 g Dim-Sum-Teig (Grundrezept Seite 195)*
- *je 50 g Karotten, Zucchetti, Lauch*
- *2 Schalotten*
- *3 dl Gemüsefond (Grundrezept Seite 190)*
- *100 g frische grüne Erbsen*
- *80 g Parmesan*
- *Olivenöl extra vergine*
- *Aceto balsamico von bester Qualität*
- *Salz, Pfeffer aus der Mühle*
- *gezupfter Kerbel als Garnitur*

Die geschälten Karotten und die Zucchetti sowie den geputzten Lauch in feine Streifen schneiden. Die Schalotten würfeln und in etwas Olivenöl andünsten. Die Karotten- und Lauchstreifen zufügen. Zuletzt die Zuchettistreifen einstreuen. Das Gemüse mit etwas Gemüsefond ablöschen und knackig dünsten. Mit Salz und frisch gemahlenem Pfeffer würzen. Die Erbsen getrennt in Salzwasser 2 bis 3 Minuten garen und warm halten.

Für dic Sauce den Gemüsefond auf ein Drittel reduzieren und die gleiche Menge Olivenöl zugiessen. Mit Salz und frisch gemahlenem Pfeffer würzen und mit dem Stabmixer zu einer Emulsion aufschlagen.

Den Teig zu zwei dünnen Blättern auswallen. Auf eines davon im Abstand von 10 Zentimetern Gemüsehäufchen geben. Das Teigblatt mit einem Wasserzerstauber besprühen, mit dem zweiten Teigblatt bedecken und dieses jeweils rund um die Häufchen Füllung mit dem Handballen andrücken. Mit einem gezackten Ausstecher von 10 Zentimeter Durchmesser Ravioli ausstechen. Die Ravioli etwa 1 Minute in schwach siedendem Salzwasser garen, herausheben, abtropfen lassen und kurz in der heissen Sauce ziehen lassen.

Vorgewärmte tiefe Teller mit einem Saucenspiegel ausgiessen und darauf die Ravioli verteilen. Mit einigen Tropfen Aceto balsamico beträufeln und mit dem Trüffelhobel Parmesanspäne darüberraffeln. Mit Erbsen und Kerbelblättchen garnieren.

Weinempfehlung
Johannisberg, Pinot blanc, roter Eyholzer, rote Herrschäftler

Pâtes truffées
en nid d'œuf de caille aux asperges

Wachtelei im getrüffelten Nudelnest
mit grünem Spargel

Raviole de légumes à l'huile d'olive

Gemüseravioli an Olivenölsauce

Olio
Extra Vergine
Di Oliva
DEL MOLISE

Cannellonis des bois

Cannelloni mit feiner Waldpilzfüllung

Dim sum de canard

Dim Sum mit Entenbrustfüllung

Den Teig, wie im Grundrezept auf Seite 195 beschrieben, zubereiten. In Klarsichtfolie wickeln und 2 bis 3 Stunden im Kühlschrank ruhen lassen.
Unterdessen für die Füllung das Fleisch zusammen mit dem grob zerschnittenen Gemüse durch den Fleischwolf drehen. Die Farce mit Sojasauce sowie Salz und reichlich Pfeffer würzen. Die grünen Teile des Lauchs in Längsstreifen schneiden, in Salzwasser blanchieren und für die Garnitur bereithalten.
Den Teig zu einem grossen Rechteck auswallen und so lange durch die Walzen der Pastamaschine treiben, bis er hauchdünn ausgewallt ist. Im Abstand von etwa 10 Zentimetern gehäufte Teelöffel Farce auf den Teig verteilen. Den Teig leicht mit Wasser besprühen, in Quadrate schneiden und diese um die Füllung zu kleinen Beuteln zusammendrücken.
Die Dim Sum in ein Sieb über kochendes Wasser setzen und etwa 4 Minuten im Dampf garen. Eventuell die in der chinesischen Küche üblichen Dämpfkörbchen aus Bambus dafür benutzen. Für die Sauce die Shiitakepilze in Streifen schneiden und in der Butter andünsten. Den braunen Fond sowie einen Spritzer Sojasauce zugiessen und die Pilze darin weich garen.
Vorgewärmte tiefe Teller mit der Pilzsauce ausgiessen. Darauf die Dim Sum verteilen und mit blanchierten Lauchstreifen garnieren.

Tip
Das Besondere an diesem Gericht: Dank der kurzen Garzeit bleibt die Entenfarce sehr saftig.

Weinempfehlung
Weisse Assemblages, Ermitage, Gamay, Lagrein

250 g Dim-sum-Teig (Grundrezept Seite 195)
1 bis 2 Entenbrüste mit Haut
1 geputzte Karotte
1 Lauchstange (nur die weissen Teile)
½ geschälter Knollensellerie
Sojasauce
Salz, Pfeffer aus der Mühle

Für die Sauce:
250 g Shiitakepilze
30 g Butter
5 dl brauner Fond
grüne Teile vom Lauch für die Garnitur

Drapé de pâtes aux perles de bois

Nudelblätter mit Herzmilke und Steinpilzen

Den Nudelteig ein erstes Mal durch die Walzen der Pastamaschine treiben. Aus den Bärlauchblättern die grobe Mittelrippe herausschneiden. Die Blätter in Streifen schneiden (Estragonblätter von den Stielen zupfen), in einem dekorativen Muster auf dem Teigblatt verteilen und andrücken. Das Teigblatt mehrmals durch die Walzen treiben, um es so dünn wie möglich auszuwallen. Danach in etwa handgrosse Stücke schneiden.
Die Teigblätter in siedendem Salzwasser 2 bis 3 Minuten garen. Abtropfen lassen und in heisser Butter schwenken.
Die zuvor gewässerte, enthäutete und leicht gepresste Herzmilke mit Salz und frisch gemahlenem Pfeffer würzen. Von beiden Seiten kurz anbräunen und im Backofen bei 180 Grad gar ziehen lassen. Erst danach in Scheiben schneiden.
Inzwischen aus der Mitte der Steinpilze je 2 Scheiben schneiden und die Pilzreste würfeln. Die Pilzscheiben und -würfel in Butter anbraten und würzen. Die Pilzwürfel herausheben.
Den Kalbsfond aufkochen und mit etwa 20 Gramm kalter Butter binden, die in kleinen Flocken eingeschwenkt wird. Die Pilzwürfel hineingeben und die Sauce abschmecken.
Die gegarten Teigblätter locker auf die vorgewärmten Tellern drapieren. Die Milken- und Pilzscheiben darauf plazieren und mit der Steinpilzsauce umgiessen.

Weinempfehlung
Fendant, Amigne, Ermitage, Gamay, Beaujolais

250 g Nudelteig (Grundrezept Seite 194)
frische Bärlauch- oder Estragonblätter
100 g Herzmilke (Bries)
4 mittelgrosse Steinpilze
40 g Butter
1 dl brauner Kalbsfond (Grundrezept Seite 191)
Salz, Pfeffer aus der Mühle

Tagliatelles aux fruits de mer

Safrannudeln mit Meeresfrüchten

Während der Zubereitung dem Nudelteig zwei Drittel der eingeweichten Safranfäden samt der Flüssigkeit zusetzen. Den Teig dünn auswallen und in breite Bandnudeln schneiden. In Salzwasser al dente garen.
Die Jakobsmuscheln in etwa 20 Gramm Butter kurz von beiden Seiten anbraten und würzen. Die Hummer längs halbieren und den dunklen Darmstrang entfernen. Das Schwanzfleisch auslösen und in Medaillons schneiden.
Den Fischfond mit dem restlichen Safran würzen, mit Salz und frisch gemahlenem Pfeffer abschmecken und etwa 60 Gramm Butter einschwingen. Die Meeresfrüchte einlegen und knapp unterhalb des Siedepunktes kurze Zeit ziehen lassen.
Unterdessen den Spinat in der restlichen Butter und etwas Olivenöl zusammenfallen lassen. Mit Salz und Peffer würzen.
Die Safrannudeln mit den Meeresfrüchten und dem Spinat vermischen. Auf vorgewärmte Teller verteilen und servieren.

Weinempfehlung
Petite Arvine, Amigne, trockener Gewürztraminer, trockener Muscat, Viognier, weisser Cahors

250 g Nudelteig (Grundrezept Seite 194)
30 in Weisswein eingeweichte Safranfäden
8 Jakobsmuscheln (nur die weisse Nuss)
2 kleine abgekochte Hummer
je 12 ausgelöste Mies- und Venusmuscheln (vongole), vorgegart und ausgelöst
4 kleine Tintenfische, geputzt und in dünne Ringe geschnitten
2 dl reduzierter Fischfond (Grundrezept Seite 192)
100 g Butter
200 g entstielter Spinat
Olivenöl
Salz, Pfeffer aus der Mühle

Dim sum de canard

Dim Sum mit Entenbrustfüllung

Drapé de pâtes aux perles de bois

Nudelblätter mit Herzmilke und Steinpilzen

Tagliatelles aux fruits de mer

Safrannudeln mit Meeresfrüchten

Risotto aux perles des bois

Pilzrisotto

30 g der Butter in einer Sauteuse zergehen lassen und die Hälfte der Schalotten darin andünsten. Den Reis zugeben und kurz anschwitzen, dann soviel Fond zugiessen, dass der Reis knapp bedeckt ist. Unter ständigem Rühren die Flüssigkeit fast vollständig einköcheln lassen. Immer wieder Fond nachgiessen und einköcheln lassen. Nach etwa 15 Minuten den Risotto von der Herdplatte ziehen.

Die Pilze putzen und abbrausen, auf Küchenpapier legen und trockentupfen. Einige schöne Pilze für die Garnitur beiseite legen.

In einer beschichteten Bratpfanne die restliche fein gehackte Schalotte in den restlichen 30 g Butter anschwitzen. Die Pilze zugeben und leicht anbraten. Mit frisch gemahlenem weissem Pfeffer und etwas Salz würzen. Die Pilze unter den Risotto mischen und den restlichen Fond zugiessen. Noch weitere 10 Minuten oder bis der Risotto gar ist, kochen lassen. Von der Herdplatte ziehen und kurz (5 Minuten) ziehen lassen. Dann den Esslöffel Butter, den Schlagrahm und die Petersilie darunterziehen und mit einem Schuss Champagner oder Weisswein abrunden.

Die für die Garnitur beiseitegelegten Pilze mit Salz und Pfeffer würzen und in einer beschichteten Bratpfanne anbraten.

Je einen Esslöffel heissen Geflügelfond in vorgewärmte Suppenteller giessen und den Risotto darauf anrichten. Mit den gebratenen Pilzen und Kräutern garnieren.

Weinempfehlung
Ermitage, Riesling, trockener Muscat, Condrieu, Champagner

200 g Risottoreis (Arborio oder Carnaroli)
60 g Butter
2 kleine Schalotten, fein gehackt
6 dl heisser Geflügel- oder Gemüsefond (Grundrezept Seite 190)
200 g gemischte frische Waldpilze
1 Esslöffel Butter
1 Esslöffel geschlagener Rahm
1 Esslöffel gehackte Petersilie
1 guter Schuss Champagner oder Weisswein
1 dl heisser brauner Geflügelfond (Grundrezept Seite 191)
Salz, Pfeffer aus der Mühle

Risotto au safran de Mund mijoté à l'humagne blanc

Risotto gewürzt mit weissem Humagne und Safran aus Mund

Die fein gewürfelte Schalotte in 20 Gramm Butter andünsten. Den Reis einstreuen und rühren, bis er glasig ist. Mit der Hälfte des Weissweins ablöschen und ein knappes Drittel des heissen Fonds sowie die eingeweichten Safranfäden zufügen. Unter ständigem Rühren 20 bis 25 Minuten kochen lassen, dabei nach und nach den restlichen Fond zugiessen. Der Reis soll stets mit Flüssigkeit knapp bedeckt sein. Den Reis salzen und pfeffern, vom Herd ziehen und 5 Minuten zugedeckt ziehen lassen. Den restlichen Weisswein einrühren und unmittelbar vor dem Servieren die restliche Butter sowie den geschlagenen Rahm unterziehen. Mit geriebenem Parmesan bestreut servieren.

Tip
Irma fügt einen Teil des Weins erst am Schluss als Geschmackgeber zu – etwa einen Humagne blanc aus dem Wallis. Den Safran bezieht sie aus dem Walliser Dorf Mund. Man kann ihn selbstverständlich durch einen leichter erhältlichen Fadensafran ersetzen. Zuvor in etwas Weisswein eingeweicht, färbt jeder Safran besser.

Weinempfehlung
Humagne blanc oder rouge, Merlot, Arneis, Chianti

250 g Risottoreis (Arborio oder Carnaroli)
1 Schalotte
40 g Butter
7 dl heisser Geflügel- oder Gemüsefond (Grundrezepte Seite 190)
1 Prise Safranfäden, in etwas Weisswein eingeweicht
1 dl weisser Humagne
1 Esslöffel geschlagener Rahm
frisch geriebener Parmesan
Salz, Pfeffer aus der Mühle

Risotto aux fines herbes

Kräuterrisotto

Den Risotto wie im Rezept «Risotto au safran» zubereiten. Statt des Safrans und des Walliser Weissweins verwendet man Champagner, rührt am Schluss die Butter ein und hebt den zerbröselten Bleu de Bresse, die Spargelspitzen sowie die fein geschnittenen Kräuter unter. Dieser Risotto wird ohne Parmesan serviert.

Weinempfehlung
Ermitage, Païen, Champagner, Orvieto, Vin jaune du Jura

250 g Risottoreis (Arborio oder Carnaroli)
1 Schalotte
40 g Butter
7 dl Geflügel- oder Gemüsefond (Grundrezept Seite 190)
1 dl Champagner
1 Esslöffel geschlagener Rahm
grüne und weisse Spargelspitzen, knapp gegart
100 g Bleu de Bresse
fein geschnittener Schnittlauch, Kerbel und Estragon
Salz, Pfeffer aus der Mühle

Risotto aux fines herbes

Kräuterrisotto

Risotto au safran de Mund mijoté
à l'humagne blanc

*Risotto gewürzt mit weissem
Humagne und Safran aus Mund*

Aus Fleisch aller Art

«Fleischgerichte sind das Herzstück einer Mahlzeit. Sie sollten sich einfach und unverfälscht präsentieren und dürfen auch im ‹Fletschhorn› ein wenig an zu Hause erinnern.

Ich liebe lang und geduldig Geschmortes, allein schon der wunderbaren Saucen wegen, die nur im Ofen entstehen, etwa aus unseren Lammhaxen oder den Rindsbacken. Auch ein Gemspfeffer aus heimischem Wild, mit Tannenschösslingen und Wacholder aromatisiert, ist kein banales, sondern ein höchst anspruchsvolles Gericht, das durchaus auch einer Gourmetküche angemessen ist; im Herbst steht es bei uns immer auf der Karte. Wer meine Vorlieben teilt und meine Rezepte nachkocht, wird ausserdem die angenehme Erfahrung machen, dass Kochen kein Stress sein muss, schon weil man bei Schmorgerichten immer wieder korrigierend eingreifen kann.

Wenn das Fleisch rosa bleiben soll, bevorzuge ich Stücke, die am Knochen gebraten werden, wie unser Carré d'agneau. Selbst aus Fleisch vom Grill lassen sich mit Hilfe von duftenden Kräutern wunderbare Gerichte zaubern.»

Terrine de ris de veau

Kalbsmilkenterrine

Die Kalbsmilken wässern. Haut und knorpelige Teile entfernen, die Milken in haselnussgrosse Stücke zerzupfen und mit Salz und weissem Pfeffer würzen. Kurz in heisser Bratbutter anbraten. Die Karotten-, Sellerie- und Schalottenwürfel und zuletzt die Lauchstreifen beigeben und unter Rühren kurz andünsten. Mit Weisswein und Fond aufgiessen und im 180 Grad heissen Ofen 20 Minuten garen. Anschliessend mit dem Stabmixer sehr fein pürieren. Das heisse Püree durch ein Sieb in eine Metallschüssel streichen, in die man die zuvor eingeweichte und gut ausgedrückte Gelatine gegeben hat. Die Gelatine muss sich in der heissen Masse sofort auflösen. Die Schüssel auf Eis setzen und die Masse kaltrühren, bis sie anfängt zu gelieren. Dann den steifgeschlagenen Rahm unterziehen. Eine Terrinenform mit Klarsichtfolie auslegen. Die Masse einfüllen, glattstreichen und im Kühlschrank fest werden lassen. Die Terrine stürzen und die Folie entfernen.
Für die Sauce den Joghurt oder Sauerrahm mit Zitronensaft, Salz und frisch gemahlenem weissem Pfeffer verrühren; die Kräuter zufügen.
Die Terrine in dicke Scheiben schneiden, auf die Teller plazieren und mit etwas Sauce umgiessen.

300 g Halsmilken (Kalbsbries)
Bratbutter
50 g fein gewürfelte Karotten
50 g fein gewürfelter Sellerie
1 fein gewürfelte Schalotte
50 g Lauch (nur die weissen Teile), in dünne Streifen geschnitten
1½ dl trockener Weisswein
1½ dl heller Kalbsfond (Grundrezept Seite 191)
3 dl Rahm
2 Blatt Gelatine, eingeweicht
Salz, frisch gemahlener weisser Pfeffer

Für die Sauce:
1 dl Joghurt oder Sauerrahm
einige Spritzer Zitronensaft
fein geschnittene Kräuter (Kerbel, Schnittlauch oder Petersilie)

Ris de veau en chapelure aux asperges

Panierte Kalbsmilken mit grünem Spargel

Die gewässerten Kalbsmilken enthäuten und in fingerdicke Scheiben schneiden. Leicht salzen und pfeffern. Zuerst in wenig Mehl, danach im verquirlten Ei wenden und mit den Bröseln panieren.
Die geputzten Spargeln in leicht gesalzenem Wasser weich garen. Herausheben und warm halten. Vom Spargelfond 4 dl abnehmen, die fein gewürfelte Schalotte zufügen und die Flüssigkeit stark einkochen. Mit ungefähr 70 Gramm Butter binden, die in kleinen Flocken eingeschwenkt wird. Die Sauce mit etwas Zitronensaft, frisch gemahlenem Pfeffer und, falls nötig, noch mit Salz abschmecken.
Die panierten Kalbsmilkenscheiben in der heissen Bratbutter ausbacken. Abseits vom Herd kurze Zeit in der Pfanne nachziehen lassen. Danach auf Küchenpapier entfetten.
Die Spargeln in der Pfanne nochmals kurz erhitzen, auf die vorgewärmten Teller verteilen, darüber die Milkenscheiben anrichten und mit der Sauce umgiessen.

Weinempfehlung
Humagne blanc, Johannisberg, Sylvaner, Gros Rhin, trockener deutscher Riesling, Œil de Perdrix

200 g Herzmilken (Bries)
Mehl zum Wenden
1 verquirltes Ei
100 g Brösel aus frisch geriebenem Weissbrot
50 g Bratbutter
12 geputze grüne Spargeln
1 fein gewürfelte Schalotte
70 g Butter für die Sauce
einige Spritzer Zitronensaft
Salz, Pfeffer aus der Mühle

Marbré de tête de veau enrobé de poireau

Gesülzte Kalbskopfterrine im Lauchmantel

Den Kalbskopf in einem Sud aus einem reichlichen Liter leicht gesalzenem Wasser, Weisswein, Lorbeerblättern und Wacholderbeeren sowie der geschälten Karotte und Sellerieknolle zum Kochen bringen. Auf kleiner Flamme etwa 2 Stunden so weich garen, dass man das Fleisch mit einer Gabel zerteilen kann.
Die Karotte und den Sellerie aus dem Fond heben, sobald sie weich sind, und würfeln.
Den Kalbskopf noch warm in Würfel schneiden. Die Silberzwiebeln halbieren und die Cornichons würfeln. Die Fleischwürfel mit allem Gemüse vermengen.
Die Brühe abpassieren und so lange einkochen, bis sie geliert. Auf einem kalten Teller eine Gelierprobe machen!
Die grünen Teile des Lauchs in Salzwasser blanchieren und kalt abschrecken. Die Blätter spalten, indem man eine dünne Messerklinge an der Schmalseite ansetzt und längs durch das Blatt zieht.
Eine Terrinenform mit Klarsichtfolie auslegen, so dass die Folie weit über die Ränder der Form hängt. Die Form mit den gespaltenen Lauchstreifen auslegen. Sie sollen die Form so weit überlappen, dass sie über die Füllung geschlagen werden können.
Das Gemisch aus Fleisch und Gemüse einfüllen und gut pressen. Mit dem gelierenden Fond auffüllen. Zuerst die überlappenden Lauchstreifen, danach die überhängende Folie darüberklappen. Die Terrine leicht beschweren und über Nacht im Kühlschrank fest werden lassen.
Für die Sauce die Radieschen in feine Würfel oder Streifen schneiden. Zusammen mit fein gehackten Zwiebeln, nach Belieben auch mit Cornichonwürfeln unter die Vinaigrette heben.

Weinempfehlung
Pinot gris, Fendant, trockener Johannisberg, Aligoté

500 g ausgebeinter Kalbskopf mit Backenstück
1 l Wasser
1 dl trockener Weisswein
2 Lorbeerblätter
2 Wacholderbeeren
1 Karotte
1 kleiner Knollensellerie
6 Cornichons
6 Silberzwiebeln
2 Lauchstangen (nur die grünen Teile)
2 dl Vinaigrette (Grundrezept Seite 193)
1 Bund Radieschen
1 kleine Zwiebel
Salz, Pfeffer aus der Mühle

Marbré de tête de veau enrobé de poireau

Gesülzte Kalbskopfterrine im Lauchmantel

Ris de veau en chapelure aux asperges

Panierte Kalbsmilken mit grünem Spargel

Persillade de tête de veau et langue d'agneau à l'huile de courge

Persillade von Kalbskopf und Lammzunge an Kürbiskernöl

Einen Sud aus Wasser und Wein, dem grob zerschnittenen Gemüse und den Gewürzen ansetzen, salzen und zum Kochen bringen. Den ausgebeinten Kalbskopf und die gesäuberten Lammzungen hineingeben und über milder Hitze weich garen.
Den Kalbskopf in mundgerechte Würfel schneiden. Die Lammzungen enthäuten und längs halbieren.
In einem Topf die Vinaigrette mit dem Kürbiskernöl verrühren und mit den klein gewürfelten Cornichons und den Silberzwiebeln vermischen. Die Kalbskopfwürfel und die halbierten Zungen einlegen und erwärmen. Kalbskopfwürfel und Zunge, die Salzkartoffeln und die halbierten Eier auf 4 vorgewärmte Teller verteilen. Mit den fein geschnittenen Kräutern und Tomatenwürfeln bestreuen.
Die Persillade wird warm serviert.

Weinempfehlung
Lafnetscha, Himbertscha, Gwäss, Rèze, Vernaccia, Sforzat

800 g ausgebeinter Kalbskopf mit Backenstück
4 ungepökelte Lammzungen
Salz, Pfeffer

Für den Sud:
1½ l Wasser
2 dl trockener Weisswein
2 Karotten
1 Lauchstange (nur der weisse Teil)
½ Knollensellerie
2 Zwiebeln
1 Lorbeerblatt
5 zerdrückte Wacholderbeeren

Für die Vinaigrette:
4 dl Vinaigrette (Grundrezept Seite 193)
1 dl Kürbiskernöl
4 Cornichons
8 Silberzwiebeln

Für die Beilage:
8 mittelgrosse Salzkartoffeln
2 gekochte Eier
fein geschnittene Petersilie, Schnittlauch und Kerbel
Tomatenwürfel

Filet de veau et galette de pommes de terre

Kalbsfilet auf Kartoffelgaletten mit feinem Gemüse

Die Kalbsfiletscheiben mit Salz und frisch gemahlenem Pfeffer würzen. Die Kartoffeln mit der Aufschnittmaschine oder dem Gemüsehobel in dünne Scheiben schneiden. Sofort mit etwas Salz bestreuen, damit die Scheiben geschmeidig werden und besser aneinanderhaften. In einer Teflonpfanne die Bratbutter erhitzen. Die Kartoffelscheiben hineingeben und blütenförmig zu Galetten formen. Die Galetten von beiden Seiten knusprig braun rösten, herausheben und warm stellen.
In der gleichen Pfanne die Kräuter kurz erhitzen, um die Bratbutter zu aromatisieren. Anschliessend die Filetscheiben einlegen und von beiden Seiten kurz anbräunen. Abseits vom Feuer in der Pfanne einige Minuten abstehen lassen.
Das geputzte Gemüse in etwas Butter weich dünsten und würzen.
Den braunen Fond zur Sauce einkochen, dabei mit einem Salbeiblatt aromatisieren. Die Sauce mit Salz und frisch gemahlenem Peffer würzen und mit der in kleinen Flocken eingeschwenkten Butter binden.
Die Kartoffelgaletten auf die vorgewärmten Teller verteilen. Darauf die Filetscheiben setzen, mit dem Gemüse umlegen und mit der Sauce umgiessen.

Weinempfehlung
Gamay, Goron, Rosé du Valais, Beaujolais, Mâconnais

4 Scheiben Kalbsfilet von je etwa 80 g
4 geschälte Kartoffeln
40 g Bratbutter
4 Salbeiblätter
4 kleine Rosmarinzweige
12 junge Karotten
12 Broccoliröschen
4 kleine Patissons (Bischofsmützen), geviertelt
Salz, Pfeffer aus der Mühle

Für die Sauce:
2 dl brauner Kalbsfond (Grundrezept Seite 191)
1 Salbeiblatt
20 g Butter

Carré de porcelet caramélisé, pommes nouvelles

Karamelisierter Jungschweinrücken mit Kohlrabistreifen und neuen Kartoffeln

Den Schweinerücken am Knochen belassen. Mit Salz und Pfeffer einreiben, mit der Schwartenseite nach oben in einen Bräter legen und in den auf 220 Grad vorgeheizten Ofen schieben. Nach 20 Minuten das erste Mal mit Bier bestreichen und mit dem Kümmel bestreuen. Nach weiteren 20 Minuten ein zweites Mal bestreichen und mit den halbierten ungeschälten Kartoffeln, den feinblättrig geschnittenen Schalotten sowie den Kräutern umlegen. Den Schweinerücken noch 20 Minuten bei reduzierter Hitze im Ofen braten und dabei lose mit Aluminiumfolie abdecken.
Die Schwartenseite des Schweinerückens muss knusprig sein und wie aufgebläht aussehen, wenn man den Bräter aus dem Ofen nimmt.
Vor dem Anschneiden das Fleisch einige Minuten abstehen lassen. Die Kartoffeln, falls nötig, im Bräter nachgaren.
Den Bratenfond durch ein Sieb abpassieren, entfetten und als Jus getrennt dazu servieren.
Den in Streifen geschnittenen Kohlrabi im Gemüsefond zusammen mit etwas Butter weich dünsten. Würzen und mit fein geschnittener Petersilie vermischen.
Das Fleisch in Kotelettstücke tranchieren und auf vorgewärmte Teller plazieren. Mit den Kohlrabistreifen und den Kartoffeln umlegen.

Tip
Irma verwendet für dieses Gericht das besonders delikate Fleisch von Jungsauen aus Ormalingen, in der Nähe von Basel.

Weinempfehlung
Rosé du Valais, Gamay, Oberwalliser Dôle

1,2 kg Jungschweinrücken mit Schwarte
3 dl helles Bier
1 Teelöffel Kümmel
20 kleine neue Kartoffeln, ungeschält
2 kleine Schalotten
1 kleiner Zweig Rosmarin
einige Salbeiblätter
Salz, Pfeffer aus der Mühle

Für die Beilage:
1 zarter Kohlrabi
1 dl Gemüsefond (Grundrezept *Seite 190)*
20 g Butter
etwas glatte Petersilie

Links:

Filet de veau
et galette de pommes de terre

*Kalbsfilet auf Kartoffelgaletten
mit feinem Gemüse*

Rechts oben:

Persillade de tête de veau et langue
d'agneau à l'huile de courge

*Persillade von Kalbskopf und
Lammzunge an Kürbiskernöl*

Rechts unten:

Carré de porcelet
caramélisé, pommes nouvelles

*Karamelisierter
Jungschweinrücken mit Kohlrabi-
streifen und neuen Kartoffeln*

Filet de lapin en gelée, purée de pois

Tellersülze vom Kaninchenfilet mit Erbsenpüree

Die Rückenfilets des Kaninchens auslösen und sorgfältig von Haut und Sehnen befreien. Das übrige Fleisch auslösen und für ein anderes Gericht verwenden. Die Knochen zerkleinern und blanchieren, kalt abschrecken und abtropfen lassen.
Für das Gelee die Knochen zusammen mit dem Kalbskopf in einem reichlichen Liter Wasser aufsetzen. Salz und weisse Pfefferkörner zufügen. Zum Kochen bringen und mehrmals gründlich abschäumen. Nach etwa 30 Minuten das grob zerschnittene Würzgemüse in die Brühe geben. Nach weiteren 15 Minuten Liebstöckel und Petersilienstiele zugeben. Auf kleiner Flamme noch einmal 15 Minuten kochen lassen. Anschliessend die Brühe durch ein Passiertuch seihen und abkühlen lassen.
Inzwischen die beiden Filetstränge mit Salz und frisch gemahlenem weissem Pfeffer würzen. Rundum in heisser Bratbutter bräunen, kurz abstehen lassen, danach schräg in Scheiben schneiden.
Mit der abgekühlten Brühe 4 tiefe Teller ausgiessen. Zum Gelieren in den Kühlschrank stellen. Dann die Filetscheiben, die Spargelspitzen und Tomatenschnitze auf dem Gelee verteilen. Mit gezupftem Kerbel und Estragonblättchen umstreuen und nach Belieben mit einigen essbaren Blüten – etwa Borretschblüten oder wilden Stiefmütterchen – garnieren. Mit flüssigem Gelee überziehen und zum Festwerden in den Kühlschrank stellen.
Für das Püree die frischen Erbsen in kochendem Salzwasser etwa 3 Minuten garen. Danach mit dem Rahm im Cutter pürieren und mit Salz und frisch gemahlenem Pfeffer würzen. Im Kühlschrank kühlen.
Vor dem Servieren vom Püree kleine Nocken abstechen und auf die Tellersülze setzen.

Weinempfehlung
Œil de Perdrix, rote Deutschschweizer Landweine, leichte rote Südtiroler

1 küchenfertiges Kaninchen von etwa 1,2 kg
300 g Kalbskopf
1 gestrichener Teelöffel Pfefferkörner
1 Zwiebel
2 Karotten
1 Lauchstange (nur der weisse Teil)
1 mittelgrosser Knollensellerie
einige Stengel Petersilie
3 kleine Liebstöckelzweige
Salz, weisser Pfeffer aus der Mühle

Für die Garnitur:
12 grüne Spargelspitzen, gegart
2 Tomaten, geschält, entkernt und in Schnitze geteilt
Kerbel und Estragon, gezupft
300 g frische grüne Erbsen
1 dl Rahm

Gibelotte de lapin au serpolet

Kaninchenragout mit Bergthymian

Die Kaninchenschultern in den Gelenken zerteilen, leicht salzen, pfeffern und mit Mehl bestäuben. In einem gusseisernen Schmortopf in der heissen Bratbutter von allen Seiten anbräunen.
Inzwischen das geschälte und gewaschene Gemüse in grosse Würfel schneiden. Zum Fleisch geben und unter Rühren anbräunen. Das Tomatenmark zufügen und rühren, bis es seine rote Farbe verloren hat. Anschliessend den Thymian hineingeben. Mit dem Weisswein ablöschen und die Flüssigkeit fast ganz einkochen lassen. Den Fond zugiessen und zum Kochen bringen. Die Hitze reduzieren und das Ragout im offenen Topf auf kleinster Flamme 45 Minuten gar ziehen lassen.
Danach das Fleisch und die Gemüsewürfel mit einem Sieblöffel herausheben und warm stellen. Die Sauce bis zur gewünschten Konsistenz einkochen und durch ein Sieb passieren. Zurück in den Topf geben und darin das Fleisch samt den Gemüsewürfeln wieder erhitzen.
Das Ragout in vorgewärmten tiefen Tellern anrichten und mit einigen Thymianblüten garnieren.

Weinempfehlung
Gamay, Dôle, Humagne rouge, Nebbiolo, Veltliner

8 kleine Kaninchenschultern
Mehl zum Bestäuben
80 g Bratbutter
2 Karotten
½ kleiner Knollensellerie
2 Schalotten
1 Teelöffel Tomatenmark
1 Sträusschen Bergthymian
2 dl Weisswein
4 dl Kalbsfond oder Kaninchenfond (Grundrezept Seite 191)
einige Thymianblüten als Garnitur
Salz, Pfeffer aus der Mühle

Filet de lapin en gelée, purée de pois

Tellersülze vom Kaninchenfilet mit Erbsenpüree

Gibelotte de lapin au serpolet

Kaninchenragout mit Bergthymian

Filet de renne en crépinette avec knödel de pommes de terre à la forestière

Rentierfilet im Schweinsnetz mit Knödeln nach Art der Försterin

Die Rentierknochen vom Händler zerkleinern lassen. Den grossen Filetstrang sauber parieren. Das Schweinsnetz wässern.
Die kleinen Filetstränge von der Rückenunterseite und eventuell noch zusätzliche Fleischabschnitte für die Farce verwenden. Mit Salz und frisch gemahlenem Pfeffer würzen und mit dem eiskalten Rahm im Cutter zu einer geschmeidigen Farce verarbeiten. Die Farce nochmals abschmecken und die fein geschnittenen Kräuter unterheben. Kühlgestellt bereithalten.
Die zerkleinerten Knochen zusammen mit den Parüren und dem Röstgemüse in Erdnussöl anrösten. Mit Lorbeerblatt, Rosmarinnadeln, zerdrückten Wacholderbeeren und etwas grobem Salz würzen. Mit dem Rotwein ablöschen und die Flüssigkeit kräftig einkochen lassen. Danach den Gemüsefond angiessen, zum Kochen bringen und über reduzierter Hitze etwa 2 Stunden kochen lassen. Mehrmals Wasser oder zusätzlichen Gemüsefond nachgiessen, damit die Knochen stets mit Flüssigkeit bedeckt sind. Nach Ende der Kochzeit den Fond abpassieren und einkochen lassen. Die Sauce mit Salz und frisch gemahlenem Pfeffer abschmecken und die kalte Butter in kleinen Stücken einschwenken.
Für die Knödel die geschälten Kartoffeln in gesalzenem Wasser weich garen, abschütten und kurz ausdämpfen lassen. Anschliessend durch ein feines Passiersieb oder die Kartoffelpresse treiben. Leicht nachsalzen und noch warm mit dem Eigelb und dem Mehl zu einem Teig kneten.
Die klein geschnittenen Pilze zusammen mit den Schalottenwürfeln in 20 Gramm Butter weichdünsten. Mit Salz und Pfeffer abschmecken und die fein geschnittene Petersilie untermischen.
Aus dem Kartoffelteig etwa walnussgrosse Kugeln formen. Zwischen den Handflächen zu einer flachen, etwa 2 mm dünnen Rondelle drücken und darauf 1 Teelöffel Pilze setzen. Zu Knödeln formen und diese in siedendem Salzwasser etwa 4 Minuten garen. Sobald die Knödel an die Oberfläche steigen, herausheben und in der restlichen heissen Butter wenden. Nach Belieben noch mit etwas Petersilie bestreuen.
Das Rückenfilet salzen, pfeffern und auf das ausgebreitete Schweinsnetz setzen. Die Farce fingerdick auf die Oberseite des Filetstrangs aufstreichen und das Filet ins Schweinsnetz einschlagen. In der Bratbutter rundum anbräunen. Anschliessend 8 Minuten in den 180 Grad heissen Ofen geben. Das Fleisch soll innen rosa bleiben.
Die Filet vor dem Anschneiden kurz abstehen lassen. Danach in dicke Scheiben schneiden, auf vorgewärmten Tellern anrichten und mit der Sauce umgiessen. Als Garnitur sautierte Eierschwämme auf blanchierten Wirzblättern daneben plazieren.
Als Beilage die kleinen, mit Pilzen gefüllten Kartoffelknödel reichen.
Es eignen sich auch Kartoffelpüree oder Schupfnudeln und Rotkraut.

Weinempfehlung
Humagne rouge, Syrah, Diolinoir, rote Assemblages, Côtes-du-Rhône

1 Rentierrückenfilet
Fleischabschnitte und Knochen vom Rentierrücken
100 g Schweinsnetz
4 Esslöffel Erdnussöl
1 dl Rahm
2 Esslöffel fein geschnittene Kräuter (glatte Petersilie, frischer Thymian)
200 g Röstgemüse (Karotten, Sellerie, Zwiebeln)
80 g Bratbutter
1 Lorbeerblatt
einige Rosmarinnadeln und Wacholderbeeren
4 dl Rotwein
4 dl Gemüsefond (Grundrezept Seite 190)
100 g Butter
8 blanchierte Wirzblätter und 200 g sautierte Eierschwämme als Garnitur
Salz, Pfeffer aus der Mühle

Für die Knödel:
700 g mehligkochende Kartoffeln (Bintje)
200 g Mehl
4 Eigelb
125 g gemischte Waldpilze, geputzt
60 g Butter
½ Schalotte, fein gewürfelt
½ Bund glatte Petersilie

Selle de chevreuil

Rehrücken mit Rotkraut und Schupfnudeln

Das Rehrückenfilet mit Salz und frisch gemahlenem Pfeffer würzen. Von beiden Seiten in der Bratbutter anbräunen. Vor dem Tranchieren entweder im mässig heissen Ofen 5 Minuten oder auf der offenen Backofentür 10 Minuten abstehen lassen. Das Fleisch soll innen noch rosa bleiben.
Den Wildjus – er wird mit Rehknochen auf die gleiche Art zubereitet wie der Rentierjus (vorangehendes Rezept) – mit dem ausgepressten Orangensaft auf die Hälfte einkochen, abschmecken und mit der in kleinen Flocken eingeschwenkten Butter binden.
Für das Rotkraut die Krautköpfe halbieren und aus den Hälften den Strunk keilförmig herausschneiden. Das Kraut in feine Streifen schneiden. Aus den ungeschälten Äpfeln das Kerngehäuse ausstechen. Äpfel und Zwiebeln feinblättrig schneiden. In einem grossen weiten Topf alles miteinander vermischen und mit Salz, frisch gemahlenem weissem Pfeffer, einer Prise Zucker und einem Schuss Rotweinessig würzen. Über milder Hitze unter häufigem Rühren dünsten. Das Lorbeerblatt und einige zerdrückte Wacholderbeeren in ein kleines Mulltuch zu einem Gewürzsäckchen binden und ins Kraut legen. Wenn das Rotkraut Saft zieht, diesen unter Rühren so lange einkochen lassen, bis er zu «karamelisieren» beginnt. Dann den Rotwein zugiessen. Das Rotkraut etwa 2 Stunden über milder Hitze weich dünsten und, wenn immer nötig, etwas Gemüse fond nachgiessen.
Für die Schupfnudeln die geschälten Kartoffeln in Salzwaser weich kochen. Das Wasser abschütten und die Kartoffeln im heissen Topf kurz ausdämpfen lassen. Anschliessend durch ein Passiersieb oder die Kartoffelpresse drücken und noch warm mit dem Mehl, dem Eigelb sowie frisch geriebener Muskatnuss, Salz und Peffer zu einem Teig verarbeiten. Auf einer bemehlten Arbeitsfläche aus dem Teig daumendicke Stränge rollen. Die Stränge in 2 Zentimeter lange Stücke teilen, diese zwischen den Handflächen zu Schupfnudeln formen und in leicht gesalzenes kochendes Wasser geben. Sobald die Schupfnudeln an die Oberfläche steigen, mit dem Sieblöffel herausheben, kalt abspülen und abtropfen lassen. In frischer Butter leicht anbräunen.
Den Rehrücken aufschneiden und auf vorgewärmten Tellern je 2 Tranchen anrichten. Mit Schupfnudeln, Rotkraut und nach Belieben mit Rosenkohl umlegen.

Weinempfehlung
Pinot noir, Dôle, Diolinoir, Margaux, Côte d'Or

1 Rehrückenfilet mit Kotelettknochen
80 g Bratbutter
3 dl Wildjus
Saft von 1 Orange
50 g kalte Butter
Salz, Pfeffer aus der Mühle

Für das Rotkraut:
1 kg Rotkraut
500 g Äpfel
500 g Zwiebeln
weisser Pfeffer
1 Prise Zucker
1 Schuss Rotweinessig
1 Lorbeerblatt
einige Wacholderbeeren
5 dl Côtes du Rhône

Für die Schupfnudeln:
350 g mehligkochende Kartoffeln (Bintje)
100 g Mehl
2 Eigelb
frisch geriebene Muskatnuss
40 g Butter zum Bräunen

Filet de renne en crépinette
avec knödel de pommes de terre
à la forestière

*Rentierfilet im Schweinsnetz
mit Knödeln nach Art der Försterin*

Selle de chevreuil

*Rehrücken mit Rotkraut und
Schupfnudeln*

Jarret d'agneau au four

Saftig geschmorte Lammhaxe aus dem Ofen

Mit einem kleinen spitzen Messer das Fleisch am dünneren Ende der Lammhaxen leicht vom Knochen lösen. Die Haxen salzen, pfeffern und leicht mit Mehl bestäuben. In einem gusseisernen Schmortopf von allen Seiten in heisser Bratbutter anbräunen. Herausnehmen und warm halten.
Das Röstgemüse und die Knoblauchzehen im gleichen Fett bräunen. Dabei den Lauch und das Tomatenpüree erst einrühren, wenn die Karotten- und Selleriewürfel bereits Farbe angenommen haben. Thymian und Rosmarin zugeben und kurz mitrösten. Danach mit dem Rotwein ablöschen und diesen auf die Hälfte einkochen lassen.
Danach die Haxen wieder einlegen und zugedeckt im 200 Grad heissen Ofen 3 Stunden schmoren. Das Fleisch wiederholt mit dem Schmorfond übergiessen und, falls nötig, mit Gemüsefond auffüllen. Das Fleisch muss so weich sein, dass es sich leicht vom Knochen lösen lässt.
Für die Sauce den abpassierten Schmorfond einkochen lassen. Die Karotten- und Selleriewürfelchen einstreuen und darin weich garen.
Die Lammhaxen auf vorgewärmte Teller plazieren und mit der Sauce übergiessen. Als Beilagen eignen sich mit Rosmarin gewürzte Spätzli und ein Wirz-Karotten-Gemüse.

Weinempfehlung
Dôle, Cabernet du Valais, Cornalin, roter Landwein, Gigondas, Mâconnais, Vino Nobile

4 Lammhaxen von je etwa 300 g
Mehl zum Bestäuben
Bratbutter zum Anbraten
100 g Röstgemüse (Karotten, Sellerie, Zwiebeln, Lauch)
2 Knoblauchzehen
1 Esslöffel Tomatenmark
je 1 Thymian- und Rosmarinzweig
6 dl Rotwein
2 bis 3 dl Gemüsefond (Grundrezept Seite 190)
je 50 g kleine Karotten- und Selleriewürfel

Carré d'agneau aux fines herbes, tuile de pommes de terre

Lammrücken in der Kräuterkruste mit Kartoffel-Tuiles

Den Lammrücken auslösen. Die Knochen des Kotelettstücks glattschaben. Das Fleisch von allen Sehnen befreien, mit Salz und frisch gemahlenem Pfeffer würzen und in heisser Bratbutter von allen Seiten kurz anbräunen.
Die Oberseite des Lammrückens mit scharfem Senf bestreichen. Mit einer Panade aus den Bröseln und den grob geschnittenen Kräutern bestreuen. Die Panade gut andrücken und mit Butterflocken belegen. Den Lammrücken im Ofen bei starker Oberhitze rosa braten.
Für die Sauce die gehackten Lammknochen und Parüren in heissem Erdnussöl anrösten. Das Röstgemüse einstreuen und bräunen. Mit dem Rotwein ablöschen und die Flüssigkeit einkochen lassen. Den braunen Fond einrühren und reduzieren. Danach durch ein Sieb abgiessen und abschmecken. Die Sauce mit in kleinen Flocken eingeschwenkter Butter binden und warm halten.
Für die Kartoffel-Tuiles eine nicht zu grosse kalte Teflonpfanne mit weicher Butter ausstreichen und mit einer Schicht dünn geschnittener, gesalzener Kartoffelscheiben auslegen. Mit den gleichen gemischten Kräutern bestreuen, die für den Lammrücken verwendet wurden, und mit Kartoffelscheiben belegen. Fortfahren, bis etwa 4 bis 5 Schichten entstanden sind. Mit einer Kartoffelschicht abschliessen. Das Ganze von beiden Seiten braun und knusprig braten. In der Pfanne durchziehen lassen.
Als Beilagen zum Lammrücken die in Portionsstücke geschnittenen Kartoffel-Tuiles und nach Belieben mit Ratatouille gefüllte Zucchetti reichen.

Weinempfehlung
Cornalin, Pinot du Valais, Dôle, Cabernet du Valais, Bordeaux rouge, Barolo, Barbaresco

1 Lammrücken
1 Esslöffel scharfer Senf
50 g Brösel aus Weissbrot vom Vortag
gemischte frische Kräuter (Thymian, Rosmarin, Petersilie)
Butterflocken zum Belegen
Bratbutter
500 g geschälte Kartoffeln
Salz, Pfeffer aus der Mühle

Für die Sauce:
zerkleinerte Lammknochen und Parüren
2 bis 3 Esslöffel Erdnussöl
100 g grob gewürfeltes Röstgemüse (Karotten, Zwiebeln, Sellerie)
2 dl Rotwein
2 dl brauner Kalbsfond (Grundrezept Seite 191)
50 g Butter

Civet de chamois

Gemspfeffer

800 g Gemsfleisch von der Schulter
200 g Wurzelgemüse (Karotten, Sellerie, Lauch, Zwiebeln)
10 Pfefferkörner
5 Wacholderbeeren
1 Lorbeerblatt, zerkleinert
1 l Rotwein
2 Esslöffel Rotweinessig
1 kleiner Tannenschössling
2 Esslöffel frische Preiselbeeren
1 l Wildjus (siehe Rezept «Filet de renne» Seite 112)
Gemüsefond (Grundrezept Seite 190)
etwas Mehl zum Bestäuben
Salz, Pfeffer

Für die Marinade das Gemüse waschen, aber nicht schälen, in feine Würfelchen schneiden und mit den Gewürzen (Pfefferkörner, Wacholderbeeren, Lorbeerblatt), dem Wein und dem Essig vermischen. Das Fleisch in Würfel schneiden, in eine Chromstahlschüssel geben und mit der Marinade bedecken. 2 Tage im Kühlschrank marinieren.
Dann das marinierte Fleisch und das Gemüse mit einem Sieb aus der Marinade heben, gut abtropfen lassen und mit Küchenpapier trockentupfen. Mit Salz und Pfeffer würzen, leicht mit Mehl bestäuben und in etwas Erdnussöl scharf anbraten. Mit der Marinade ablöschen und diese vollständig einkochen.
Den Tannenschössling und die Preiselbeeren beigeben, mit Wildjus auffüllen und etwa 2 Stunden kochen lassen. Von Zeit zu Zeit Gemüsefond nachgiessen.
Sobald das Fleisch gar ist, aus der Sauce heben und in einer Schüssel bereithalten. Die Sauce mit dem Gemüse und den Gewürzen weiter einkochen und anschliessend durch ein Sieb passieren. Das Fleisch wieder in die Sauce geben, nochmals aufkochen und abschmecken; eventuell noch etwas Rotweinessig beifügen.
Den Gemspfeffer mit Spätzli und Rotkraut servieren.

Tip
Nach demselben Rezept lässt sich auch ein Rehpfeffer zubereiten.

Weinempfehlung
Syran, rote Assemblages, Châteauneuf-du-pape, Hermitage rouge, Pinotage

Jarret d'agneau au four

Saftig geschmorte Lammhaxe aus dem Ofen

Carré d'agneau aux fines herbes, tuile de pommes de terre

Lammrücken in der Kräuterkruste mit Kartoffel-Tuiles

Roulade de bœuf fumé

Mostbröckli-Roulade

Je eine dünne Scheibe Mostbröckli mit einer Scheibe Rindsfilet belegen. Mit einem Tropfen Kürbiskernöl einreiben, mit wenig Salz und Pfeffer würzen und mit einem grossen Messer leicht flachdrücken. Zu Rouladen aufrollen und schräg in dicke Scheiben schneiden.
Einige gemischte Salatblätter in der mit dem restlichen Kürbiskernöl verquirlten Vinaigrette wenden.
Den Salat auf die Mitte der Teller plazieren, mit den Rouladenscheiben umlegen und mit grob gehackten Kürbiskernen umstreuen.

Weinempfehlung
Gamay, Cornalin, rote Landweine

8 dünne Scheiben Mostbröckli oder Walliser Trockenfleisch
8 Scheiben Rindsfilet, etwa 2 mm dick geschnitten
½ dl Kürbiskernöl
1 dl Vinaigrette (Grundrezept Seite 193)
1 Esslöffel grob gehackte Kürbiskerne
gemischte Blattsalate
Salz, Pfeffer aus der Mühle

Joues de bœuf à la polenta

Geschmorte Rindsbacke mit Polenta

Das Fleisch mit Salz und Pfeffer würzen, leicht mit Mehl bestäuben und in einem gusseisernen Schmortopf in heisser Bratbutter von beiden Seiten anbraten. Das gewürfelte Gemüse einstreuen und anrösten. Das Tomatenpüree zufügen und rühren, bis es seine rote Farbe verloren hat. Mit dem Rotwein ablöschen und die Kräuter hineingeben. Den Wein fast ganz einkochen lassen. Den Gemüse- oder Rindsfond zugiessen und das Fleisch im geschlossenen Topf etwa 2 Stunden im Ofen schmoren. Wenn das Fleisch weich ist, die Sauce abpassieren und einkochen lassen.
Für die Polenta in den Maisgriess 1 Esslöffel geschmolzene Butter rühren und die heisse Gemüse- oder Rindsbrühe zugiessen. Unter ständigem Rühren etwa 10 Minuten kochen lassen. Anschliessend den Rahm zugiessen und weitere 3 Minuten unter Rühren bis zu einer püreeähnlichen Konsistenz einkochen. Die Polenta mit Salz und frisch gemahlenem Pfeffer würzen und bereithalten.
Das geschmorte Fleisch in kleine Würfel schneiden. 4 Metallringe von 6 cm Durchmesser und 5 cm Höhe mit Butter ausstreichen und auf ein gefettetes Blech setzen. Die Ringe bis 1 cm unter den oberen Rand mit den Fleischwürfeln füllen und etwas Sauce darüberträufeln. Mit Polenta abdecken, die Oberfläche glattstreichen und mit je einer Butterflocke belegen. Im heissen Ofen etwa 7 Minuten erhitzen.
Mit einem Spachtel die gefüllten Ringe auf die vorgewärmten Teller setzen und die Metallringe vorsichtig abheben. Nach Belieben mit der restlichen Sauce umgiessen und mit Gemüse der Saison umlegen.

Weinempfehlung
Rote Assemblages, Syrah, Humagne rouge, Cabernet, Beaune, Barolo, Montalcino, Côtes-du-Rhône

800 g Rindsbacke
Mehl zum Bestäuben
Bratbutter
200 g Röstgemüse (Karotten, Sellerie, Zwiebeln, Lauch)
1 Esslöffel Tomatenmark
etwas frischer Rosmarin und Thymian
5 dl Gemüsefond (Grundrezept Seite 190)
Salz, Pfeffer aus der Mühle

Für die Polenta:
100 g mittelfeiner Maisgriess
1 Esslöffel flüssige Butter
2 dl leichte Rindsbrühe
2 dl Rahm
30 g Butter

Pot-au-feu d'osso-buco, sauce au raifort

Ossobuco mit Meerrettichsauce

In einem grossen Topf 3 Liter Wasser zusammen mit dem Suppengemüse, dem Lorbeerblatt und einigen Wacholderbeeren aufsetzen. Die Haxenscheiben ins kalte Wasser einlegen. Langsam zum Kochen bringen und wiederholt abschäumen. Etwa 2 Stunden über geringer Hitze sieden. Sobald das Suppengemüse gar ist, wird es, schon bevor das Fleisch weich ist, herausgenommen und warm gehalten.
Für die Meerrettichsauce etwa 3 dl der Brühe abnehmen und auf die Hälfte einkochen. Dann den Meerrettich und den Senf einrühren und reichlich fein geschnittene Petersilie unterheben.
Die Fleischscheiben auf die vorgewärmten Teller verteilen und mit etwas Meersalz bestreuen. Mit dem Suppengemüse und Salzkartoffeln umlegen und die Meerrettichsauce getrennt dazu reichen.

Weinempfehlung
Pinot noir (Barrique), Cornalin, Dôle, Cabernet du Valais, rote Burgunder

4 Scheiben Rindshaxe von je etwa 300 g
300 g Suppengemüse, geschält und gewaschen (Karotten, Sellerie, Petersilienwurzel, Lauch und Zwiebeln)
1 Lorbeerblatt
einige Wacholderbeeren
2 Esslöffel geriebener Meerrettich
1 Esslöffel Senf
fein geschnittene glatte Petersilie
Meersalz (Fleur de sel), Pfeffer aus der Mühle

Roulade de bœuf fumé

Mostbröckli-Roulade

Joues de bœuf à la polenta

Geschmorte Rindsbacke auf Polenta

Pot-au-feu
d'osso-buco, sauce au raifort

Ossobuco mit Meerrettichsauce

Aus Geflügel

«Federvieh galt ehemals als nobles, ja, aristokratisches Mahl. ‹A la royale› nennt sich nicht zufällig die eine oder andere Zubereitung. Im ‹Fletschhorn› möchten wir diese Tradition aufrechterhalten und verwenden deshalb nur das beste Geflügel, nur Hühner, die mit Kopf und Krallen auf den Markt gelangen. Zur Freude unserer Gäste, die wieder einmal den Duft eines natürlich aufgezogenen Huhns einatmen können.
Eines meiner Lieblingsgerichte ist die im Topf geschmorte Poularde im Heu, in unserem Bergheu, das besonders intensiv duftet und beim Öffnen der Cocotte den ganzen Raum erfüllt. Ein kleiner, angenehmer Vorteil unserer Höhenlage!
Allerdings habe ich keine Berührungsängste und kombiniere Geflügel auch mit asiatischen Aromen, Chilischoten, Lemongras oder Ingwer. Denn auch in östlichen Ländern gehört das Huhn zu den bevorzugten, den ‹königlichen› Gerichten.»

Das Poulardenfleisch in sehr feine Würfel schneiden. Mit den Schalottenwürfeln, Olivenöl, Geflügelfond, Zitronensaft und Champagner vermischen. Die Masse kräftig mit Salz und frisch gemahlenem Pfeffer abschmecken.
Mit einem Löffel Nocken abstechen und in die Mitte der Teller plazieren. Mit kleinen Peperoniwürfeln und Blättern von Brunnenkresse umstreuen und mit der Curryvinaigrette umgiessen.

Quenelles de volaille, salade printanière

Geflügelnocken mit Frühlingssalaten

Tip
Ein ähnliches Gericht bereitet Irma aus Kalbfleisch zu, wobei sie die Peperoniwürfelchen durch fein gehackte grüne Oliven ersetzt.

Weinempfehlung
Trockener Gewürztraminer, Pinot gris, Sauvignon blanc, Sancerre

350 g Poulardenbrust
2 fein gewürfelte Schalotten
4 Esslöffel Olivenöl
4 Esslöffel heller Geflügelfond (Grundrezept Seite 190)
Saft von 2 Zitronen
1 Schuss Champagner
½ rote Peperoni (Paprikaschote)
1 kleines Bund Brunnenkresse
4 Esslöffel Curryvinaigrette (Grundrezept Seite 193)
Salz, Pfeffer aus der Mühle

Poularde de Gruyères aux arômes d'Asie

Poularde mit fernöstlichen Aromen

1 Poularde von etwa 1½ kg
100 g gewürfeltes Gemüse (Karotten, Sellerie, Lauch, Zwiebeln)
1 Lorbeerblatt
3 Wacholderbeeren
2 rote Chilischoten
2 Stengel Zitronengras
1 walnussgrosses Stück Ingwerwurzel
6 Zitronenblätter
1 unbehandelte Zitrone
1 gestrichener Teelöffel Kartoffelmehl
100 g Kefen (Kaiserschoten), in Streifen geschnitten
1 geputzte Karotte, in Streifen geschnitten
Meersalz, grob gemahlener Pfeffer

Für den Pochierfond in einem grossen Topf etwa 3 Liter Wasser mit dem gewürfelten Gemüse, dem Lorbeerblatt, den Wacholderbeeren sowie mit Meersalz und grob gemahlenem Pfeffer zum Kochen bringen. Nach 15 Minuten die abgeschälte Schale der Ingwerwurzel, die entkernte und halbierte Chilischote, die grob gehackten Zitronengrasstengel und zwei zerschnittene Zitronenblätter hineingeben und weitere 5 Minuten sieden lassen.
Unterdessen die Poularde innen und aussen leicht salzen. Die unbehandelte, heiss abgespülte Zitrone dünn schälen und mehrmals mit der Gabel einstechen. Die Schale in feine Streifen schneiden und für die Sauce bereithalten. Die geschälte Zitrone in die Poularde stecken.
Die Poularde binden, in den siedenden Pochierfond geben und über geringer Hitze 45 Minuten gar ziehen lassen. Vom Herd nehmen und 15 Minuten im Fond abstehen lassen.
Vom Pochierfond 4 dl abnehmen, auf die Hälfte einkochen und mit etwas kalt angerührtem Kartoffelmehl binden. Die geschälte Ingwerwurzel und die restliche Chilischote in feinste Würfel, die restlichen Zitronenblätter in feine Streifen schneiden. Zusammen mit einigen Streifen Zitronenschale zum Schluss in die Sauce streuen. Nochmals aufkochen lassen und abseits vom Feuer die Butter in kleinen Flocken einschwenken.
Die Poularde tranchieren, mit der Sauce überziehen und mit blanchierten Kefen- und Karottenstreifen garnieren. Dazu frische Nudeln reichen.

Weinempfehlung
Weisse: Roussanne, Marsanne, Ermitage, Païen, Vin jaune du Jura
Rote: Cornalin, Gamay, Landweine

Quenelles
de volaille, salade printanière

Geflügelnocken mit Frühlingssalaten

Poularde de Gruyères aux
arômes d'Asie

Poularde mit fernöstlichen Aromen

Canard à l'orange

1 Ente von etwa 2½ kg
150 g Röstgemüse (gewürfelte Karotten, Sellerie, Zwiebeln)
1 Rosmarinzweig
100 g Butter
1 Esslöffel Bratbutter (Butterschmalz)
4 dl Rotwein
4 dl Gemüsefond (Grundrezept Seite 190)
2 dl frisch gepresster Orangensaft
½ dl Cointreau
2 Köpfe Chicorée (Brüsseler Endivien)
einige Spritzer Zitronensaft
1 Prise Zucker
Salz, Pfeffer aus der Mühle

Die Ente kalt abspülen und trockentupfen. Innen und aussen salzen und pfeffern. Mit 100 Gramm Gemüsewürfeln, dem Rosmarinzweig und einigen Butterflocken (etwa 20 Gramm) füllen und binden.
In einen Bräter 1 dl Wasser giessen. Die Ente in Seitenlage hineinsetzen und in den 200 Grad heissen Ofen schieben. Unter häufigem Begiessen mit dem austretenden Saft 30 Minuten braten. Danach auf die andere Seite, schliesslich auf den Rücken legen und jeweils weitere 30 Minuten braten. Dabei immer wieder mit dem Bratenfond übergiessen.
Die Ente aus dem Ofen nehmen und etwas abstehen lassen. Noch warm durch einen Längsschnitt über die Brust halbieren und bis auf die Flügel- und Unterschenkelknochen ausbeinen. Das Fleisch zugedeckt bereithalten.
Die Knochen zerkleinern, mit den restlichen 50 Gramm Gemüsewürfeln in Erdnussöl anrösten und mit dem Rotwein ablöschen. Nach dem Einkochen der Flüssigkeit den Gemüsefond zugiessen und eine gute Stunde köcheln lassen. Anschliessend abpassieren, den Orangensaft einrühren und die Sauce bis zur gewünschten Konsistenz einreduzieren. Die Sauce abschmecken und mit etwa 50 Gramm in Flocken eingeschwenkter Butter und dem Cointreau abrunden.
Einen Chicoréekopf längs achteln, den anderen halbieren und quer in dünne Streifen schneiden. Die Chicoréeachtel und Streifen in etwa 10 Gramm Butter anbraten. Mit einigen Spritzern Zitronensaft, 1 Prise Zucker sowie Salz und frisch gemahlenem Pfeffer würzen.
Die Entenhälften mit der restlichen weichen Butter bestreichen und im Ofen wieder erhitzen. In Portionsstücke teilen und auf vorgewärmte Teller plazieren. Mit der Sauce überziehen und mit dem gebratenen Chicorée umlegen. Nach Belieben mit blanchierten Orangenschalenstreifen garnieren.

Weinempfehlung
Œil de Perdrix, Rosé du Valais, Dôle, Pinot noir, Beaujolais

Pigeon à la purée de cèleri

Täubchen mit Selleriepüree

Die ausgenommenen Tauben halbieren und bis auf die Flügel und Unterschenkel ausbeinen. Aus den zerkleinerten Karkassen einen konzentrierten Fond zubereiten.
Dazu die Knochen zusammen mit dem gewürfelten Röstgemüse in etwas Erdnussöl anrösten. Mit einem kleinen Schuss Rotwein ablöschen und den Geflügelfond angiessen. Über geringer Hitze etwa 1 Stunde köcheln lassen und dann abpassieren.
Den restlichen Rotwein sehr stark einkochen, mit 1 Prise Zucker, Salz und frisch gemahlenem Pfeffer würzen und in den Fond rühren. Die Sauce abschmecken und mit der Butter abglänzen.
Für das Püree die Sellerieknollen schälen. Einen Sellerie mit der Aufschnittmaschine in dünne Scheiben schneiden. Mit einem Metallring von 6 Zentimeter Durchmesser Rondellen ausstechen und in Salz wasser legen, aufkochen, herausheben und bereithalten. Den restlichen Sellerie in Salzwasser weich garen. Noch heiss mit dem Rahm im Cutter pürieren, mit Salz, frisch gemahlenem weissem Pfeffer und einem Spritzer Zitronensaft abschmecken. Falls nötig, durch ein feines Sieb streichen.
Die entbeinten Taubenhälften in Brust und Schenkel teilen, salzen und pfeffern. In Bratbutter auf der Hautseite scharf anbraten, wenden und 2 Minuten weiterbraten. Danach 3 bis 4 Minuten in den heissen Ofen schieben oder 10 Minuten warmgestellt abstehen lassen. Die Brüstchen sollen rosa bleiben, die Schenkel dürfen durchgebraten sein.
Vier Metallringe von 6 Zentimeter Durchmesser und 5 Zentimeter Höhe mit weicher Butter ausstreichen und auf ein gebuttertes Blech setzen.
In die Ringe je 1 Sellerierondelle geben. Die Ringe mit dem Püree füllen, mit je einer weiteren Sellerierondelle abdecken und mit je einer Butterflocke belegen. Die gefüllten Ringe im heissen Ofen erwärmen.
Die restlichen Selleriescheiben sowie glatte Petersilie in heissem Öl fritieren, auf Küchenpapier entfetten und leicht salzen.
Mit einem Spachtel die Ringe auf vorgewärmte Teller setzen. Das Püree mit einem kleinen spitzen Messer am Formenrand lösen und die Ringe vorsichtig abheben. Das Püree mit je einer fritierten Selleriescheibe belegen, mit fritierter Petersilie sowie je einer halben gebratenen Taube umlegen und mit der Rotweinsauce umgiessen.

Tip
Für dieses Gericht bezieht Irma die zarten Täubchen aus der Toskana.

Weinempfehlung
Diolinoir, Syrah, Humagne rouge, Cornalin, Toskaner, Bordeaux

2 junge Tauben von je 450 g
50 g gewürfeltes Röstgemüse (Karotten, Sellerie, Zwiebeln)
1 Esslöffel Erdnussöl
4 dl Rotwein
4 dl brauner Geflügelfond (Grundrezept Seite 191)
1 Prise Zucker
50 g Butter
50 g Bratbutter (Butterschmalz)
Salz, Pfeffer aus der Mühle

Für die Beilagen:
2 grosse Sellerieknollen
1 dl Rahm
einige Spritzer Zitronensaft
20 g Butter
weisser Pfeffer
etwas glatte Petersilie
Öl zum Fritieren

Pigeon à la purée de céleri
Täubchen mit Selleriepüree

Canard à l'orange

Caille dodue au four, mousseline truffée

Gefüllte Wachteln mit getrüffelter Kartoffelmousseline

Die Wachteln vom Rücken her hohl ausbeinen.
Aus den zerkleinerten Karkassen einen Fond zubereiten. Dazu die Karkassen in etwas Öl anrösten. Das Würzgemüse einstreuen, anbräunen und mit einem Schuss Rotwein ablöschen. Den Geflügelfond zugiessen und zum Kochen bringen. Über geringer Hitze 1 Stunde köcheln lassen und abpassieren. Einige Tropfen Trüffelöl einrühren und die Sauce abschmecken.
Die zuvor unter fliessendem kaltem Wasser abgebürstete Trüffel in feine Würfel schneiden. Davon die Hälfte in die Sauce geben, den Rest für die Füllung bereithalten.
Für die Füllung die Poulardenbrust würfeln, salzen und pfeffern. Im Cutter mit 1½ dl eiskaltem Rahm zu einer Farce verarbeiten. Die Farce abschmecken und mit den bereitgehaltenen Trüffelwürfeln vermischen.
Die Wachteln mit der Farce füllen und mit je 2 Zahnstochern kreuzweise zustecken. In heisser Bratbutter zuerst auf der verschlossenen Seite anbraten. Anschliessend rundum anbräunen und im 200 Grad heissen Ofen 7 Minuten fertigbraten. Einige Minuten abstehen lassen und die Zahnstocher entfernen.
Für die Kartoffelmousseline die geschälten Kartoffeln in kaltem Salzwasser weich garen, ausdämpfen lassen und noch heiss durch ein Passiersieb oder eine Kartoffelpresse treiben. Den Rahm mit etwas Trüffelöl, Salz, Pfeffer und Muskatnuss aufkochen und abwechselnd mit der in Würfel geschnittenen Butter in das Kartoffelpüree rühren. Die zweite Trüffel in kleine Würfel schneiden und in die Mousseline geben.
Die in Achtel geschnittene Fenchelknolle in kochendem Salzwasser blanchieren, abtropfen lassen und in der Butter weich braten.
Die gefüllten Wachteln auf vorgewärmte Teller verteilen. Mit der Kartoffelmousseline sowie den gebratenen Fenchelachteln umlegen und mit der Sauce umgiessen.

Tip
Wachteln aus der Dombes, einer Region in Burgund, zeichnen sich durch ihre besondere Qualität aus.

Weinempfehlung
Cornalin, Pinot noir du Valais, Dôle, Südtiroler, Tessiner Merlot, Pomerol

4 Wachteln aus der Dombes
100 g Röstgemüse (Karotten, Sellerie, Zwiebeln)
1 Esslöffel Erdnussöl
1 dl Rotwein
6 dl brauner Geflügelfond (Grundrezept Seite 191)
1 kleine schwarze Trüffel
einige Tropfen Trüffelöl
50 g Bratbutter (Butterschmalz)
1 grosse Fenchelknolle
20 g Butter
Salz, frisch gemahlener Pfeffer

Für die Füllung:
100 g Poulardenbrust
1½ dl Rahm

Für die Kartoffelmousseline:
500 g mehligkochende Kartoffeln
1 dl Rahm
einige Tropfen Trüffelöl
100 g Butter
1 kleine schwarze Trüffel
frisch geriebene Muskatnuss

Poularde de Gruyères en cocotte lutée, mousseline safranée

Greyerzer Poularde im Heu mit Safranmousseline

1 Greyerzer Poularde von etwa 1,6 kg
100 g Gemüsewürfel (Karotten, Sellerie, Petersilienwurzeln, Zwiebeln)
1½ dl Weisswein
1½ dl Gemüsefond (Grundrezept Seite 190)
50 g Butter
Salz, Pfeffer aus der Mühle
200 g Teig aus Wasser und Mehl
1 Handvoll duftendes Heu

Für die Safranmousseline:
800 g mehligkochende Kartoffeln
2 dl Rahm
150 g Butter
20 Safranfäden, in etwas Weisswein eingelegt
Salz, frisch geriebene Muskatnuss

Für die Garnitur:
grüne Bohnen, junge Karotten und kleine Maiskolben

Von der küchenfertigen Poularde zuerst den Brustgabelknochen entfernen, indem man ihn nach innen drückt und aus der Halsöffnung herauszieht. Die Poularde innen und aussen mit Salz und Pfeffer würzen und binden. Die Poularde auf einen umgedrehten hitzebeständigen Teller in einen gusseisernen Schmortopf setzen. Mit Wein und Gemüsefond umgiessen, mit den Gemüsewürfeln umstreuen und mit dem Heu bedecken.
Einen Teig aus Mehl und Wasser kneten, zu einen fingerdicken Strang formen und ringsum auf den Topfrand legen. Den Deckel aufsetzen und andrücken, so dass der Topf luftdicht versiegelt ist. Die Poularde im 200 Grad heissen Ofen 45 Minuten garen. Herausnehmen und im geschlossenen Topf 15 Minuten abstehen lassen. Den Topf erst vor den Gästen öffnen.
Den Schmorfond abpassieren, einkochen, abschmecken und mit der in kleinen Flocken eingeschwenkten Butter binden.

Tip
Irma nimmt für dieses rustikale Schmorgericht das duftende Heu der Bergwiesen.

Weinempfehlung
Cornalin, Dôle, Merlot, Nebbiolo, Bordeaux

Caille dodue
au four, mousseline truffée

*Gefüllte Wachteln mit
getrüffelter Kartoffelmousseline*

Poularde de Gruyères en
cocotte lutée, mousseline safranée

Greyerzer Poularde im Heu
mit Safranmousseline

Pintade à la syrah, chou frisé

Perlhuhn an Syrah-Sauce mit Wirsingstreifen

Das Perlhuhn kalt abspülen und trockentupfen. Aussen und innen salzen und pfeffern. In das Innere 20 Gramm Butterflocken legen und das Perlhuhn binden. In einem Bräter in der heissen Bratbutter wenden. In den 220 Grad heissen Ofen schieben und von jeder Seite 6 Minuten braten. Anschliessend auf der offenen Ofentür 10 Minuten abstehen lassen. Das Fett aus dem Bräter abgiessen. Den Bratfond mit dem Syrah ablöschen und die Flüssigkeit einkochen lassen. Den Fond zugiessen und zu Saucenkonsistenz reduzieren. Die Sauce mit Salz und frisch gemahlenem Pfeffer abschmecken, mit der restlichen Butter binden und warm halten.
Die Wirzköpfe halbieren und den Strunk keilförmig herausschneiden. Den Wirz in dünne Streifen schneiden, in Salzwasser blanchieren, herausheben und abtropfen lassen. Den Speck in kleine Würfel schneiden und in einem Schmortopf knusprig braten. Die fein gewürfelte Schalotte einstreuen und glasig dünsten. Die blanchierten Wirzstreifen zufügen und etwa 10 Minuten garen. Zuletzt die Crème fraîche einrühren und den Wirz mit Salz und Pfeffer abschmecken.
Das Perlhuhn tranchieren, auf den Wirzstreifen anrichten und mit der Sauce umgiessen.

Weinempfehlung
Syrah, Diolinoir, rote Assemblages, Rioja

1 Perlhuhn
60 g Butter
50 g Bratbutter
4 dl Syrah du Valais
3 dl brauner Geflügelfond (Grundrezept Seite 191)
Salz, Pfeffer aus der Mühle

Für die Beilage:
2 kleine Wirzköpfe (Wirsing)
30 g Rauchspeck
1 kleine Schalotte
1 dl Crème fraîche

Suprême de colvert aux airelles, purée de choux de Bruxelles

Wildentenbrust mit Preiselbeeren und Rosenkohlpüree

Die Wildenten ausbeinen. Die Schenkel für ein anderes Gericht verwenden. Die Brusthälften auslösen und die Flügelknochen blank schaben.
Die Karkassen zerkleinern und im Erdnussöl zusammen mit den Gemüsewürfeln anrösten. Mit ½ dl Rotwein ablöschen und mit dem Geflügelfond aufgiessen. Über geringer Hitze etwa 1 Stunde kochen lassen. Danach den Fond abpassieren.
Unterdessen die restlichen 4 dl Rotwein mit der klein gewürfelten Schalotte auf etwa 1 Deziliter einkochen. Die Reduktion in den abpassierten Fond giessen und die Preiselbeeren darin kurz aufkochen. Die Sauce abschmecken und mit der in kleinen Flocken eingeschwenkten kalten Butter abglänzen.
Die 4 Entenbrüstchen leicht mit Salz und frisch gemahlenem Pfeffer würzen. Mit Mehl bestäuben und auf der Hautseite in heisser Bratbutter anbraten. Wenn sich eine schöne Kruste gebildet hat, die Brüstchen wenden und weitere 3 Minuten braten. Das Fleisch soll innen rosa bleiben.
Den geputzten Rosenkohl in Salzwasser weich garen. Noch heiss zusammen mit dem Rahm im Cutter pürieren. Mit Salz und Pfeffer abschmecken und warm stellen.
Die gewaschenen Spinathälften in heissem Olivenöl nur kurz zusammenfallen lassen. Mit Salz und Pfeffer würzen.
Die 4 Brüstchen auf die vorgewärmten Teller verteilen. Mit der Sauce umgiessen, mit je 3 Spinatherzen und Nocken vom Rosenkohlpüree umlegen.

Weinempfehlung
Rote Assemblages, Syrah, Côtes-du-Rhône, Cahors

2 Wildenten
200 g Röstgemüse (gewürfelte Karotten, Sellerie, Zwiebeln)
2 Esslöffel Erdnussöl
4½ dl Rotwein (Côtes du Rhône)
4 dl brauner Geflügelfond (Grundrezept Seite 191)
1 kleine Schalotte
Mehl zum Bestäuben
80 g frische Preiselbeeren
50 g Butter
Salz, Pfeffer aus der Mühle

Für die Beilagen:
300 g Rosenkohl
1 dl Rahm
12 Herzen vom Winterspinat
1 Esslöffel Olivenöl

Canette au miel et au gingembre

Jungente mit Honig und Ingwer

Die Enten abspülen, trockentupfen, von innen und aussen salzen und pfeffern. In jede Ente einen Thymianzweig legen.
In einem gusseisernen Bräter auf dem Herd die Bratbutter erhitzen. Die Enten einlegen und in der heissen Bratbutter wenden. Den Bräter in den 220 Grad heissen Ofen setzen und die Enten zuerst auf beiden Seiten, danach auf dem Rücken je 7 Minuten braten. Dabei einige Male mit dem Bratfond übergiessen. Bis zum Tranchieren warm stellen.
Das Bratfett abschöpfen und den Bratensatz mit dem Geflügelfond ablöschen. Die Ingwerwürfelchen sowie den Honig einrühren und den Fond zur Sauce einkochen. Abschmecken und mit der eingeschwenkten Butter binden.
Für die Beilagen 4 grosse Wirzblätter in Salzwasser blanchieren. Den restlichen Kohl in Streifen schneiden, im Rahm weich garen, mit Salz und Pfeffer würzen und auf die Mitte der 4 blanchierten Kohlblätter verteilen. Die Blätter nacheinander auf ein feuchtes Küchentuch setzen, im Tuch auspressen und zu kleinen Köpfchen formen. Die Köpfchen mit etwa 20 Gramm weicher Butter bestreichen, auf ein Blech setzen und im Ofen 8 Minuten nachgaren.
Die Rollgerste mit den Linsen und den knackig blanchierten Karotten- und Selleriewürfelchen vermischen. In den restlichen 10 Gramm Butter und 2 Esslöffeln Gemüsefond wieder erhitzen und mit Salz und frisch gemahlenem Pfeffer abschmecken.
Die Ente tranchieren und das Fleisch auf vorgewärmte Teller verteilen. Mit den Kohlköpfchen und dem Gersten-Linsen-Gemisch umlegen, mit der Sauce umgiessen.

Weinempfehlung
Weisser und roter Dôle, Diolinoir, Pinot noir, rote Burgunder

2 Enten von je etwa 1,2 kg
60 g Bratbutter
4 dl brauner Geflügelfond (Grundrezept Seite 191)
1 Esslöffel Honig
1 Esslöffel fein gewürfelter Ingwer
4 kleine Thymianzweige
100 g Butter
Salz, Pfeffer aus der Mühle

Für die Beilagen:
300 g Wirz (Wirsing)
30 g Butter
1 dl Rahm
2 Esslöffel gekochte Rollgerste
2 Esslöffel gekochte grüne Linsen (Lentilles de Puy)
2 Esslöffel kleine Karotten- und Selleriewürfel
2 Esslöffel Gemüsefond

Suprême de colvert aux airelles, purée de choux de Bruxelles

Wildentenbrust mit Preiselbeeren und Rosenkohlpüree

Canette au miel et au gingembre

Jungente mit Honig und Ingwer

Aus frischem
und aus gereiftem Käse

«Frischer Ziegenkäse gehört vor allem deshalb zu meinen Lieblingskäsen, weil er eine wundervolle Basis für zahllose Variationen darstellt. Ob man ihn mit edlen Trüffeln oder mit frischen Kräutern würzt, er ist wandlungsfähig wie kein anderer Käse und ergibt würzige, leichte Kreationen.
Bis zu dreissig Käse von hier und anderswo, weiche und harte, frische und gereifte, aber niemals industriell hergestellte, liegen auf unserer Käseplatte. Sie sind eine Verführung besonderer Art und oft ein Ausflug in unbekannte Gefilde. Ein Stückchen dunkles Walliserbrot passt zu fast allen. Einige lassen sich auch zu kalten und warmen Speisen verarbeiten, die man in einer Gourmetküche durchaus servieren darf und soll. Unsere ‹Tarte saviésanne›, nach dem Ort Savièse benannt, ist ein solches Gericht, bodenständig und einfach herzustellen und mit der Walliser Landschaft eng verwachsen. Sie machen damit Ihren Gästen eine grosse Freude, so wie ich den meinen.»

Quenelles de chèvre frais truffé

Nocken von getrüffeltem Ziegenkäse

Den Käse mit einigen Tropfen Trüffelöl glattrühren. Die fein gehackten Trüffeln unterheben. Mit Salz und Pfeffer würzen und den geschlagenen Rahm unterziehen. Die Masse zugedeckt über Nacht in den Kühlschrank stellen, damit der Käse vom Trüffelaroma durchzogen wird.
Von der Käsemasse mit einem zuvor in heisses Wasser getauchten Löffel Nocken abstechen. Je 2 Nocken auf einem Teller anrichten und mit einer Trüffelbrunoise garnieren.

Tip
Irma reicht dazu Walliser Roggenbrot.

Weinempfehlung
Pinot gris, Ermitage, Syrah, Merlot, Pomerol

300 g frischer Ziegenkäse
50 g schwarze Trüffeln
Trüffelöl
1½ dl geschlagener Rahm
Salz, Pfeffer aus der Mühle

Salade de chèvre frais en rouleaux d'aubergines

Salat mit frischem Ziegenkäse in Auberginenröllchen

Die ungeschälten Auberginen mit der Aufschnittmaschine längs in 1 Millimeter dünne Scheiben schneiden. In einer Teflonpfanne ohne Fett leicht anbräunen, mit Salz und Pfeffer würzen und abkühlen lassen. Vom Käse etwa 100 Gramm abnehmen, mit dem geschlagenen Rahm vermischen und mit Salz und Peffer abschmecken. Die Masse auf die Auberginenscheiben streichen und diese von der Schmalseite her aufrollen. Die Röllchen mit einer einfachen Vinaigrette aus Traubenkernöl und Aceto balsamico beträufeln. Den restlichen Ziegenkäse zu 4 Kugeln formen und in fein geschnittenem Schnittlauch wälzen. Die gefüllten Auberginenröllchen und die Schnittlauchkugeln auf 4 Teller verteilen. Mit Blattsalaten umlegen, mit Tomatenwürfeln garnieren und mit Vinaigrette beträufeln.

Weinempfehlung
Pinot gris, Ermitage, Aligoté, Sauvignon blanc

2 Auberginen
300 g frischer Ziegenkäse
1 dl geschlagener Rahm
Vinaigrette aus Traubenkernöl und Aceto balsamico
fein geschnittener Schnittlauch
gemischte Blattsalate und Tomatenwürfel
Salz, Pfeffer aus der Mühle

Tomates cerises au chèvre frais et vieux balsamique

Cherrytomaten mit Ziegenfrischkäse an altem Balsamico

Die Cherrytomaten am Stielansatz kreuzförmig einritzen, in kochendem Wasser 20 Sekunden blanchieren, abschrecken und die Haut abziehen. Den Stielansatz herausschneiden und auf der Oberseite eine Kappe abschneiden. Mit einem kleinen Löffel die Tomaten aushöhlen und zum Abtropfen umgekehrt auf einen Teller setzen.
Den Ziegenfrischkäse mit Joghurt glattrühren und mit Salz und frisch gemahlenem Pfeffer würzen. Den Thai-Schnittlauch fein zerschneiden. Die Blütenknospen als Garnitur zurückbehalten. Den Käse mit dem fein geschnittenen Schnittlauch vermischen. Die Tomaten mit der Käsemasse füllen und die Deckel aufsetzen.
Das Olivenöl mit dem Aceto balsamico verrühren, jedoch nicht zu einer Emulsion verquirlen. Die Vinaigrette mit Salz und frisch gemahlenem Pfeffer würzen.
Für die Garnitur die Petersilie blanchieren und mit dem Stabmixer pürieren.
Je 3 Tomaten auf die Tellermitte plazieren und mit der Vinaigrette überziehen. Mit Raukenblättern und den Schnittlauchknospen garnieren. Nach Belieben mit einem Strang leicht gesalzenem Joghurt umrahmen und darauf Tupfer vom Petersilienpüree setzen.

Weinempfehlung
Sémillon, Sauvignon blanc, Ermitage, Heida

12 nicht zu kleine Cherrytomaten (Kirschtomaten)
200 g Ziegenfrischkäse
1 Esslöffel Joghurt
4 Stiele Thai-Schnittlauch
1 dl Olivenöl
1 Esslöffel Aceto balsamico von bester Qualität
50 g glattblättrige Petersilie
2 dl Joghurt
einige Raukenblätter (Rucola)
Salz, Pfeffer aus der Mühle

Salade de tomates, mangues, mozzarella et vieux gruyère

Tomatensalat mit Mango, Mozzarella und reifem Greyerzer

Die Tomaten halbieren und den Stielansatz entfernen. Die Tomatenhälften in dünne Scheiben schneiden. Die Mango schälen, am Kern entlang halbieren und ebenso wie die Büffelmozzarella in Scheiben schneiden.
Den Greyerzer in Streifen raffeln.
Die Vinaigrette mit dem Aceto balsamico aromatisieren. Die Greyerzerstreifen in etwas Vinaigrette wenden.
Abwechselnd Tomaten-, Mango- und Mozzarellascheiben kreisförmig auf die Teller legen und mit der Vinaigrette beträufeln. Den Greyerzer in die Mitte häufen. Mit in feine Streifen geschnittenem Basilikum bestreuen, mit einigen Rauken- und Basilikumblättchen garnieren und mit Roggenbrot servieren.

Weinempfehlung
Heida, Marsanne, Païen

4 Risptomaten (ramati)
1 vollreife Mango
100 g Mozzarella di bufalo
200 g reifer Greyerzer (Gruyère salé)
1½ dl Vinaigrette (Grundrezept Seite 193)
½ dl Aceto balsamico
einige Rauken- und Basilikumblätter als Garnitur
Salz, Pfeffer aus der Mühle

Quenelles de chèvre frais truffé
Nocken von getrüffeltem Ziegenkäse

Links oben:

Salade de chèvre frais en rouleaux d'aubergines

Salat mit frischem Ziegenkäse in Auberginenröllchen

Links unten:

Salade de tomates, mangues, mozzarella et vieux gruyère

Tomatensalat mit Mango, Mozzarella und reifem Greyerzer

Rechts:

Tomates cerises au chèvre frais et vieux balsamique

Cherrytomaten mit Ziegenfrischkäse an altem Balsamico

Terrine de seigle à la crème de fromage

Terrine aus Roggenbrot mit Ziegenfrischkäse

Eine dreieckige Terrinenform mit Klarsichtfolie auslegen. Dabei soll die Folie die Ränder so weit überlappen, dass man sie anschliessend über die gefüllte Terrine schlagen kann. Das Roggenbrot in 3 Millimeter dünne Scheiben schneiden. Die Terrinenwände mit den Brotscheiben auskleiden.
Den Käse mit etwas Trüffelöl verrühren und die fein gehackte Trüffel unterheben. Mit Salz und frisch gemahlenem weissem Pfeffer abschmecken und den geschlagenen Rahm unterziehen.
Die Terrine bis 3 Millimeter unter den Rand mit der Käsemasse füllen. Die Oberfläche glattstreichen und mit exakt zurechtgeschnittenen Brotscheiben abdecken. Die überhängende Folie darüberschlagen.
Die Terrine über Nacht in den Kühlschrank stellen.
Danach die Terrine stürzen und die Folie vorsichtig entfernen.
Mit einem zuvor in heisses Wasser getauchtem Sägemesser in fingerdicke Scheiben schneiden. Je 3 Scheiben auf den Tellern anrichten und mit Dörrpflaumen- und Aprikosenwürfeln umstreuen.

Weinempfehlung
Dôle, Gamay, Cornalin, Merlot

200 g entrindetes Roggenbrot
200 g Ziegenkäse (Chavroux)
1 dl geschlagener Rahm
Trüffelöl
1 Trüffel von etwa 30 Gramm
Salz, frisch gemahlener weisser Pfeffer
je 4 gewürfelte Dörrpflaumen und getrocknete Aprikosen als Garnitur

Tarte saviésanne

400 g Blätterteig
150 g festkochende Kartoffeln
70 g Rauchspeck
100 g Lauch
150 g reifer Raclettekäse
1 Eigelb, mit etwas Rahm verquirlt
frisch geriebene Muskatnuss
Salz, Pfeffer aus der Mühle
Butter zum Ausstreichen der Form

Die Hälfte des Blätterteigs etwa 2 Millimeter dünn ausrollen und eine ausgebutterte Form von 20 Zentimeter Durchmesser damit auslegen. Den Teigboden mit einer Gabel mehrfach einstechen.
Die Kartoffeln schälen, in hauchdünne Scheiben hobeln und mit frisch geriebener Muskatnuss, mit Salz und frisch gemahlenem Pfeffer würzen. Den Teigboden mit den Kartoffelscheiben auslegen.
Den Rauchspeck in kleine Würfel schneiden und in einer Teflonpfanne knusprig braten. Den in feine Ringe geschnittenen Lauch einstreuen, mit den Speckwürfeln vermischen und unter Rühren andünsten. Anschliessend über die Kartoffelscheiben verteilen.
Den Raclettekäse, am besten mit der Aufschnittmaschine, in dünne Scheiben schneiden und damit die Tarte belegen.
Den restlichen Teig ausrollen, einen Deckel für Tarte ausschneiden und auflegen. Den Tortenrand leicht mit Wasser bestreichen und den Deckel gut andrücken. Als Dampfabzug in die Deckelmitte ein etwa 1 Zentimeter grosses Loch schneiden.
Den Deckel mit dem verquirlten Eigelb bestreichen. Mit einer Gabel ein dekoratives Muster einritzen.
Die Tarte im 180 Grad heissen Ofen etwa 30 Minuten goldbraun backen. Warm servieren.

Weinempfehlung
Himbertscha, Lafnetscha, Rèze, Heida, Cornalin, Eyholzer

Tarte saviésanne

Terrine de seigle à la crème de fromage

Terrine aus Roggenbrot mit Ziegenfrischkäse

Süsses Finale

«Desserts haben einen anderen Charakter als die übrigen Speisen, die ihnen vorangehen: einen versöhnlicheren, fröhlicheren. Hier ganz besonders kann man die Phantasie spielen lassen und im Handumdrehen die Gäste für sich einnehmen. Um die Kultur der süssen Sachen wieder aufleben zu lassen, backen wir nicht nur täglich frisches Brot, sondern auch auch allerlei Kuchen und Torten, die wir zwischen den Mahlzeiten servieren, zu Kaffee oder Tee. Gibt es etwas Schöneres und Liebevolleres als das Teilen eines Kuchens in der Gästerunde?

Schön auch, dass süsse Speisen die Jahreszeiten widerspiegeln können: im Sommer

mit Fruchtdesserts aller Art, im Winter eher mit Schokolade oder mit ‹vin cuit›, einer Westschweizer Spezialität. Selbstverständlich stellen wir Glacen und Sorbets im Haus her und halten uns hier ebenso an die Früchte der Saison.

Vergessen Sie nicht, dass Desserts immer ein Augenschmaus sein sollen. Sie heben schon mit ihrer Präsentation die Stimmung der Gäste und ernten oft sogar Applaus.»

Aumonière de pommes, sauce à la vanille

Apfeltäschchen mit Vanillesauce

Die Äpfel auf der Röstiraffel reiben. Mit dem Zucker, den geriebenen Haselnüssen, dem Zimt, dem Vanillezucker, dem Rum und etwas abgeriebener Zitronenschale vermischen. Je einen Esslöffel davon auf Brikblätterquadrate von 20 Zentimeter Seitenlänge setzen. Zu Täschchen formen und mit Küchenzwirn binden. Im 200 Grad heissen Ofen 10 bis 15 Minuten backen.
Für die Vanillesauce die Milch mit dem Rahm vermischen und mit der Hälfte des Zuckers, dem ausgeschabten Mark der Vanilleschote und einer Prise Salz zum Kochen bringen. Den restlichen Zucker mit den 5 Eigelb verrühren. Die Milch vom Herd nehmen, über die Eigelbmasse giessen und mit einem Holzlöffel einrühren. Zurück auf den Herd stellen und über geringer Hitze langsam so lange rühren, bis die Sauce bindet und am Holzlöffel haften bleibt. Nicht mehr aufkochen lassen, da die Sauce sonst gerinnt.
Die noch warmen Täschchen auf Teller verteilen. Mit der lauwarmen Vanillesauce umgiessen und mit gehackten Pistazien umstreuen.

Weinempfehlung
Süsser Malvoisie

4 Brikblätter (ersatzweise Strudelteigblätter)
2 grosse geschälte Äpfel
2 Esslöffel Zucker
1 Esslöffel geriebene Haselnüsse
½ Teelöffel Zimt
1 Prise Vanillezucker
1 Spritzer Rum
etwas abgeriebene Zitronenschale
1 Esslöffel gehackte Pistazien

Für die Vanillesauce:
je ¼ l Milch und Rahm
70 g Zucker
1 Vanilleschote
1 Prise Salz
5 Eigelb

Fleur de pomme, glace caramel

Apfelrosette mit Karamelglace

Aus der Mitte der ungeschälten Äpfel waagerecht 4 etwa 2 Zentimeter dicke Scheiben schneiden und die Kerngehäuse ausstechen. Die Scheiben in der Butter von beiden Seiten andünsten – sie dürfen dabei nicht zerfallen – und abkühlen lassen.
Das Restliche der Äpfel dünn schälen und mit dem Zucker unter ständigem Rühren so lange musig kochen, bis es leicht karamelisiert. Abkühlen lassen.
Den Blätterteig 2 bis 3 Millimeter dünn ausrollen. Daraus 4 Rondellen ausstechen, die 2 Zentimeter grösser als die Apfelscheiben sind. Die abgekühlten Apfelscheiben auflegen. Die Teigränder leicht befeuchten und nach oben um die Apfelscheiben schlagen.
Den dünn ausgewallten Frühlingsrollenteig in lange, 4 Zentimeter breite Streifen schneiden. Die Apfelscheiben damit einfassen und etwa 1 Zentimeter hoch mit dem Apfelmus füllen. Mit 2 oder 3 weiteren, etwa 2 Zentimeter breiten Teigstreifen auf den gefüllten Rondellen eine Rosette formen. Im 180 Grad heissen Ofen 10 Minuten knusprig backen.
Für die Karamelglace den Zucker in einem Topf mit dickem Boden zu hellem Karamel schmelzen. Danach vom Feuer nehmen. Die Milch mit dem Rahm, dem ausgeschabten Vanillemark und 1 Prise Salz verrühren und kalt auf den Karamel giessen. Abseits vom Feuer stehen lassen, bis der Karamel aufgelöst ist. Nochmals zum Kochen bringen und heiss unter ständigem Rühren mit den verquirlten Eigelben vermischen. Abkühlen und in der Sorbetiere gefrieren lassen.
Die Apfelrosetten auf Teller verteilen. Nocken von der Karamelglace abstechen und daneben plazieren.

Weinempfehlung
Ermitage flétri

2 Äpfel
20 g Butter
50 g Zucker
150 g Blätterteig
200 g Frühlingsrollenteig (ersatzweise Strudelteig)

Für die Karamelglace:
250 g Zucker
3 dl Milch
3 dl Rahm
Mark von ½ Vanilleschote
1 Prise Salz
4 Eigelb

Tarte aux abricots

Aprikosentarte

Eine Tarte-Form von 18 cm Durchmesser mit weicher Butter ausstreichen und mit dem dünn ausgewallten Blätterteig auslegen. Das Marzipan auf einer leicht mit Puderzucker bestäubten Arbeitsfläche zu einer dünnen Platte von 18 Zentimeter ausrollen und auf den Blätterteig legen. Mit einer Gabel einstechen und mit den geriebenen Mandeln ausstreuen.
Die entsteinten Aprikosen vierteln und dachziegelartig auflegen.
Den Rahm zuckern, auf die Hälfte einkochen und über die Aprikosen träufeln. Die Tarte im 180 Grad heissen Ofen backen. Aus der Form nehmen und mit dem erwärmten Aprikosengelee überglänzen.
Für den Sabayon das Ei mit dem Zucker, dem Weisswein, dem Likör und etwas ausgeschabtem Vanillemark im heissen Wasserbad luftig aufschlagen, danach kaltschlagen. Zuletzt den steif geschlagenen Rahm unterziehen.
Die Tarte in Portionsstücke schneiden und zusammen mit dem Sabayon servieren. Nach Belieben kann man sie noch mit Karamelfäden garnieren.

Weinempfehlung
Sémillon liquoreux, Sauternes

200 g Blätterteig
300 g Aprikosen, entkernt
100 g Marzipan
50 g geriebene Mandeln
1 dl Rahm
1 Esslöffel Zucker
Aprikosengelee zum Überglänzen
Butter zum Ausstreichen der Form
Puderzucker zum Bestäuben

Für den Sabayon:
1 Ei
50 g Zucker
4 Esslöffel Weisswein
4 Esslöffel Abricolerie (Aprikosen-Eierlikör von Mermod & Terry)
etwas ausgeschabtes Vanillemark
1 dl geschlagener Rahm

Links:

Aumonière de pommes, sauce
à la vanille

Apfeltäschchen mit Vanillesauce

Rechts oben:

Fleur de pomme, glace caramel

Apfelrosette mit Karamelglace

Rechts unten:

Tarte aux abricots

Aprikosentarte

Tarte à l'ananas et son sorbet

Ananastarte mit Ananassorbet

Alle Zutaten für den Teig rasch zusammenkneten. Den Teig zur Kugel formen, in Frischhaltefolie einschlagen und 2 Stunden im Kühlschrank ruhen lassen. Anschliessend etwa 3 Millimeter dünn ausrollen und eine Tarteform von 18 Zentimeter Durchmesser auslegen. Mehrfach mit einer Gabel einstechen und bei 180 Grad blindbacken. Restlicher Teig hält sich gut gekühlt 2 bis 3 Tage oder kann zur späteren Verwendung eingefroren werden.
Für die Füllung die Ananas zerkleinern, mit dem Stabmixer oder im Cutter pürieren und durch ein Sieb streichen. Das Püree zusammen mit der Butter, dem Zucker und dem Rahm kurz aufkochen. Abseits vom Herd die Eier nacheinander einrühren. Unter ständigem Rühren nochmals erhitzen, bis eine Bindung entsteht. Nicht zum Kochen bringen, da sonst die Creme gerinnt.
Die Creme leicht abkühlen lassen und in die vorgebackenen Teigböden füllen. Nach dem Erkalten mit der Spritztülle ein Muster aus flüssiger Schokolade auf die Tarte spritzen.
Für das Sorbet den Zucker mit dem Ananassaft zu einem Sirup kochen. Das zerkleinerte Fruchtfleisch zusammen mit dem Sirup, dem Wein und dem Kirschwasser im Mixer pürieren. Abkühlen lassen und in der Sorbetiere gefrieren.

Für die Garnitur die Ananasstückchen mit braunem Rohrzucker bestreuen und unter dem heissen Grill karamelisieren.
Die Tarte in Portionsstücke schneiden. Auf die Teller verteilen und je eine Sorbetnocke daneben plazieren. Mit karamelisierten Ananasstückchen und einer Kap-Stachelbeere garnieren.

Weinempfehlung
Süsser Johannisberg, süsser Chardonnay

Für den Zuckerteig:
400 g Mehl
200 g zimmerwarme Butter
130 g Puderzucker
1 Prise Salz
1 Eigelb
2 Esslöffel Milch

Für die Füllcreme:
150 g Butter
150 g Zucker
200 g reife Ananas
1½ dl Rahm
3 Eier

Für das Sorbet:
800 g reife Ananas
200 g Zucker
2 dl Weisswein
2 dl Ananassaft
1 Schuss Kirschwasser oder Limonenlikör

Für die Garnitur:
Ananasstücke
brauner Rohrzucker
4 Kap-Stachelbeeren (Physalis)

Tarte aux poires et au chocolat

Schokoladen-Birnen-Tarte

Die Birnen schälen, halbieren und entkernen. Im Wasser mit Weisswein, Zucker, Zitronensaft und der Vanilleschote pochieren. Im Pochierfond erkalten lassen. Anschliessend längs in dünne Scheiben schneiden.
Zwei Tarteformen von 18 Zentimeter Durchmesser mit dem Zuckerteig auslegen und blindbacken. Nach dem Auskühlen den Boden mit 50 Gramm flüssiger Schokolade ausstreichen und mit den Birnenscheiben belegen.
Die restliche Schokolade fein hacken. Den Rahm aufkochen, über die zerkleinerte Schokolade giessen und rühren, bis sich die Schokolade gelöst hat. Danach die weiche Butter einrühren.
Die Schokoladenmasse über die Birnen giessen, glattstreichen und erkalten lassen.

Weinempfehlung
Malvoisie Spätlese

2 bis 3 feste aromatische Birnen
2½ dl Wasser
1 Schuss Weisswein
50 g Zucker
Saft von ½ Zitrone
½ Vanilleschote
250 g Bitterschokolade
2½ dl Rahm
30 g Butter
350 g Zuckerteig (siehe Seite 164, Rezept «Ananastarte»)

Marguerites de chocolat

Hippenblüte gefüllt mit zweierlei Schokoladenmousse

Für die Hippenblüten alle Zutaten zu einem Teig verrühren. Mit Hilfe einer blütenförmigen, 1 Millimeter hohen Schablone den Teig auf ein gebuttertes Blech streichen. Im 200 Grad heissen Ofen etwa 2 bis 3 Minuten backen. Die Hippenblüten noch warm mit einem Spachtel einzeln vom Blech lösen, über einem Glas oder einem Schälchen zu Körbchen formen und auskühlen lassen.
Die Körbchen auf die Teller plazieren und mit Nocken von heller und dunkler Schokoladenmousse füllen. Nach Belieben mit Früchtecoulis umgiessen.

Weinempfehlung
Arvine flétri

Für die Hippenmasse:
100 g flüssige Butter
100 g Puderzucker
100 g Mehl
100 g Eiweiss

Für die Füllung:
je 100 g dunkle und weisse Schokoladenmousse (siehe Rezept Seite 170, «Mille-feuille»)

Tarte à l'ananas et son sorbet

Ananastarte mit Ananassorbet

Tarte aux poires et au chocolat

Schokoladen-Birnen-Tarte

Marguerites de chocolat

Hippenblüte gefüllt
mit zweierlei Schokoladenmousse

Mille-feuille au chocolat

Schokoladen-Millefeuille

300 g dunkle Couverture oder Bitterschokolade
je 100 g weisse und hellbraune Schokoladenmousse
frische Beeren (Himbeeren oder Heidelbeeren)
1 dl Zuckersirup aus 50 g Zucker und ½ dl Wasser
2 dl Coulis aus Himbeeren oder Heidelbeeren
1 dl Vanillesauce (Rezept siehe *Seite 160, «Aumonières de pommes»)*

Für die dunkle Schokoladenmousse:
125 g dunkle Couverture
125 g Vollmilchcouverture
1 Esslöffel Milch
1 Esslöffel Kirsch
2 Eigelb
2 Eiweiss
5 dl Rahm

Für die weisse Schokoladenmousse:
250 g weisse Couverture
1 Ei
40 g Zucker
1 Esslöffel Orangenlikör
6 dl Rahm

Die Couverture schmelzen und auf ein mit Klarsichtfolie ausgelegtes Blech giessen. Mit einem Spachtel so dünn wie möglich ausstreichen und im Kühlschrank fest werden lassen. Anschliessend mit einem in heisses Wasser getauchten Ausstecher 16 Rondellen ausstechen. Mit einem Spachtel vorsichtig von der Folie abheben.
Für die dunkle Schokoladenmousse die beiden Couverturen zerkleinern. Zusammen mit der Milch und dem Kirsch in einen Topf geben, über geringer Hitze unter mehrmaligem Rühren schmelzen und vom Feuer nehmen. Inzwischen die beiden Eigelb mit der Hälfte des Zuckers cremig rühren und unter die geschmolzene Couverture ziehen. Die beiden Eiweiss mit dem restlichen Zucker steif schlagen und unter die Schokoladenmasse heben. Zum Schluss den geschlagenen Rahm beigeben. Zugedeckt für mindestens 3 Stunden in den Kühlschrank stellen.
Für die weisse Mousse die Couverture zerkleinern und schmelzen. Das Ei mit dem Zucker und dem Orangenlikör aufschlagen und unterziehen. Zum Schluss den geschlagenen Rahm unterheben. Zugedeckt für mindestens 3 Stunden in den Kühlschrank stellen.
Auf 12 Rondellen einen Rand abwechselnd mit Tupfen vom weisser und brauner Schokoladenmousse aufspritzen. Einige Beeren hineinsetzen und mit etwas Beerencoulis ausgiessen. Je 3 gefüllte Rondellen aufeinandersetzen und mit der vierten Rondelle abdecken. Nach Belieben ein Muster aus weisser Schokolade aufspritzen.
Die Millefeuilles auf die Teller verteilen und mit der Vanillesauce und etwas Beerencoulis umgiessen.

Weinempfehlung
Amigne flétri

Marquise au chocolat blanc

Erdbeeren mit weisser Schokolade im Baumkuchenmantel

Den Baumkuchen bereits am Vortag zubereiten. Die Butter und die Marzipanrohmasse Zimmertemperatur annehmen lassen. Mit der Hälfte des Zuckers zu einer hellen Creme verrühren. Die Eigelb nacheinander einrühren, dabei 1 Prise Salz, den Vanillezucker und die abgeriebene Zitronenschale zufügen. Die Eiweiss mit dem restlichen Zucker und 1 Prise Salz steifschlagen und mit der Eigelbmasse vorsichtig vermischen. Mehl und Weizenpuder unterheben. Eine rechteckige Form von 25×28 cm mit Aluminiumfolie (glänzende Seite nach unten) auskleiden, diese mit etwas weicher Butter ausstreichen und mit Mehl bestäuben.
Auf den Boden der Form eine 2 bis 3 Millimeter dicke Teigschicht streichen und bei 220 Grad Oberhitze und 120 Grad Unterhitze auf der obersten Rille des Backofens goldbraun backen. Aus dem Ofen nehmen und 3 Minuten abstehen lassen. Danach die nächste Teigschicht auftragen und genauso backen. Fortfahren, bis der ganze Teig verbraucht ist. Der Kuchen muss aus mindestens 5 Schichten bestehen und etwa 3 Zentimeter hoch sein. Vor dem Herausnehmen aus der Form bei offener Ofentür 10 Minuten ruhen lassen.
Für die Füllung die weisse Schokolade im heissen Wasserbad schmelzen. Das Passionsfruchtmark, das Eigelb und den Fruchtbrand einrühren. Nach dem Abkühlen den geschlagenen Rahm unterziehen.
Eine emaillierte Terrinenform von 25 cm Länge und 8 cm Breite mit Klarsichtfolie auslegen. Den ausgekühlten Baumkuchen in Streifen von einem halben Zentimeter Dicke schneiden. Mit den Streifen den Boden und die Wände der Form auskleiden. Die Schokoladenmasse einfüllen und die Erdbeeren mit der Spitze nach unten als Mittelstrang einsetzen. Die Masse mit Baumkuchenstreifen abdecken und die Form mit Klarsichtfolie verschliessen.
Die Marquise zum Festwerden einige Stunden in den Kühlschrank stellen. Danach vorsichtig stürzen und die Folie entfernen. Mit einem zuvor in heisses Wasser getauchten Messer in Scheiben schneiden.
Die Scheiben auf Teller plazieren und nach Belieben mit Tupfern aus weisser Schokolade und Erdbeercoulis garnieren.

Tip
Baumkuchen kann auch als Dessertgebäck serviert werden. Er bleibt einige Tage feucht und frisch.

Weinempfehlung
Assemblages botrytisés

Für den Baumkuchenteig:

200 g Butter
130 g Marzipanrohmasse
200 g Zucker
5 Eigelb
5 Eiweiss
1 Päckchen Bourbon-Vanillezucker
½ Teelöffel abgeriebene Zitronenschale
80 g Mehl
70 g Weizenpuder

Für die Füllung:

200 g weisse Schokolade
Mark von 4 Passionsfrüchten
1 Eigelb
1 Esslöffel Framboise oder Fraise (Fruchtbrand)
3 dl geschlagener Rahm
8 grosse Erdbeeren

Mille-feuille au chocolat

Schokoladen-Millefeuille

Marquise au chocolat blanc

Erdbeeren mit weisser Schokolade im Baumkuchenmantel

Truffes au kirsch

Kirsch-Truffes

400 g dunkle Couverture oder Bitterschokolade
25 g Butter
¾ dl Rahm
1 dl Kirschwasser

Die Couverture raspeln. Den Rahm aufkochen und die Butter zufügen. Die geraspelte Couvertüre einstreuen und abseits vom Feuer unter Rühren auflösen. Das leicht erwärmte Kirschwasser einrühren. Die Masse in eine Metallschüssel geben und im Tiefkühlfach erstarren lassen. Danach mit einem Teelöffel Kugeln abstechen, zwischen den Handflächen runddrehen und in Kakaopulver wenden. Diese Trüffel sollen gut gekühlt und am gleichen Tag verzehrt werden.

Truffes blanches

Weisse Truffes

400 g weisse Couverture
1,6 dl Rahm
120 g fein gehackte Walnüsse
100 g halbflüssige weisse Couverture

Die Couverture raspeln. Den Rahm aufkochen und die geraspelte Couverture darin abseits vom Herd unter Rühren auflösen. Bevor die Masse vollständig erkaltet ist, die fein gehackten Walnüsse einrühren. Im Tiefkühlfach fest werden lassen. Danach mit einem Teelöffel Kugeln abstechen und zwischen den Handflächen rund drehen. Halbflüssige weisse Couvertüre auf die Handflächen streichen und die Kugeln so darin wälzen, dass Spitzen im Überzug entstehen. Die Truffes auf ein Sieb legen und im Kühlschrank fest werden lassen.

Truffes au miel

Honig-Truffes

Den Rahm mit dem Honig verrühren und erhitzen. Die geraspelte Couverture darin schmelzen. Weiterfahren, wie bei den anderen Truffes beschrieben.
Aus der im Tiefkühlfach erstarrten Masse Kugeln formen. Die Kugeln nacheinander in Couverture tauchen, die gerade beginnt, fest zu werden, und sofort danach in Schokoladenspänen wälzen.

2 dl Rahm
65 g Honig
300 g dunkle Couverture oder Bitterschokolade
100 g Vollmilchcouverture
Schokoladenspäne

Feuilles de chocolat

Schokoladenblätter

Die Couverture im Wasserbad vorsichtig schmelzen lassen.
Die Blätter waschen und gut trocknen.
Die Blätter mit der glatten Seite in die flüssige Couverture tauchen und abkühlen lassen.
Vor dem Anrichten das Blatt vorsichtig von der Schokolade abziehen.

12 Haselnuss- oder Zierlorbeerblätter
100 g schwarze Couverture

Truffes au kirsch
Kirsch-Truffes

Truffes blanches
Weisse Truffes

Truffes au miel
Honig-Truffes

Feuilles de chocolat
Schokoladenblätter

Pavé au chocolat

Schokoladenwürfel

Die Butter mit der geschmolzenen Couverture und der Hälfte des Zuckers schaumig schlagen. Anschliessend die 6 Eigelb nacheinander einrühren. Die Masse weitere 5 Minuten rühren. Die Eiweiss mit dem restlichen Zucker und 1 Prise Salz zu steifem Schnee schlagen und unter die Schokoladenmasse ziehen. Die geriebenen Mandeln mit den süssen Bröseln vermischen und unterheben.
Die Masse etwa 5 Zentimeter hoch in eine ausgebutterte Backform füllen. Bei 170 Grad 30 Minuten in der Ofenmitte backen. In der Form auskühlen lassen und erst am nächsten Tag anschneiden.

Tip
Irma serviert diesen Kuchen mit ihrer Glace stracciatella (siehe folgendes Rezept).

Weinempfehlung
Süsser Gewürztraminer

100 g Butter
200 g dunkle Couverture
200 g Zucker
6 Eigelb
6 Eiweiss
1 Prise Salz
200 g geschälte Mandeln, fein gerieben
50 g süsse Brösel aus Löffelbiskuits

Glace stracciatella

Die Eigelb mit der Hälfte des Zuckers cremig rühren.
Den Rahm mit der Milch, dem restlichen Zucker, dem ausgeschabten Mark der Vanilleschote und 1 Prise Salz vermischen und aufkochen.
Die geraspelte Milchcouverture in der heissen Flüssigkeit auflösen. Vorsichtig auf die Eigelbmasse giesssen und langsam einrühren. Die Masse kaltrühren und in die Eismaschine füllen.
Die dunkle Couverture schmelzen, abkühlen lassen und etwa 10 Minuten vor Fertigstellung der Glace bei laufendem Rührwerk langsam in die Eismaschine einlaufen lassen.

4 Eigelb
100 g Zucker
je 2½ dl Rahm und Milch
½ Vanilleschote
1 Prise Salz
100 g Vollmilchcouverture
50 g dunkle Couverture

Terrine de pruneaux, sabayon à la cannelle

Zwetschgenterrine mit Zimtsabayon

Die entsteinten Zwetschgen mit dem Zucker und den Zesten vermischen und unter ständigem Rühren etwa eine halbe Stunde über gelinder Hitze kochen, bis der ausgetretene Saft verkocht ist. Danach die gehackten Walnüsse und die Pinienkerne sowie die zuvor in Wasser eingeweichte und ausgedrückte Gelatine einrühren. Die Masse in eine mit Klarsichtfolie ausgelegte Terrinenform von 25 cm Länge und 8 cm Breite füllen und glattstreichen. Zum Festwerden in den Kühlschrank stellen. Danach stürzen und die Folie vorsichtig entfernen. Mit einem Elektromesser in 2 Zentimeter dicke Scheiben schneiden.
Die Marzipanrohmasse auf einer mit Puderzucker bestäubten Arbeitsfläche zu einer 2 Millimeter dünnen Platte auswallen und in 2 Zentimeter breite Streifen schneiden. Die Terrinenscheiben mit den Streifen umhüllen.
Für den Sabayon das Ei mit dem Weisswein, dem Zucker und dem Zimt im heissen Wasserbad schaumig schlagen. Danach über Eiswasser kaltschlagen. Zuletzt den geschlagenen Rahm unterziehen.
Die Terrinenscheiben auf Teller verteilen und mit dem Sabayon umgiessen.

Weinempfehlung
Johannisberg «premier décembre»

1 kg entsteinte Zwetschgen
130 g Zucker
Schale einer unbehandelten Orange, in Zesten geschnitten
40 g Walnüsse, grob gehackt
30 g Pinienkerne
4 Blatt Gelatine
100 g Marzipanrohmasse
Puderzucker zum Bestäuben

Für den Sabayon:
1 Ei
4 Esslöffel Weisswein
50 g Zucker
1 Messerspitze Zimt
1 dl Rahm

Mocca en tasse

«Cappuccino»

Für den «Cappuccino» die Eier und die beiden Eigelb mit 80 Gramm Zucker und dem lauwarmen starken Kaffee aufschlagen. Den Likör zugiessen. Die beiden Eiweiss mit dem restlichen Zucker steif schlagen und unter die Masse heben. Zuletzt den geschlagenen Rahm vorsichtig untermischen. Vorgekühlte Mokkatassen bis einen Fingerbreit unter den Rand mit zwei Dritteln der Masse füllen. Mit Aluminiumfolie abdecken und im Tiefkühlfach gefrieren lassen.
Die restliche Cappuccinomasse bis zur Fertigstellung des Desserts im Kühlschrank bereithalten.
Etwa 15 Minuten vor dem Servieren die Tässchen aus dem Tiefkühlfach nehmen und im Kühlschrank etwas weicher werden lassen. Kurz vor dem Auftragen die Tässchen mit der restlichen Masse auffüllen und mit etwas Kakaopulver bestreuen.

2 Eier
2 Eigelb
2 Eiweiss
100 g Zucker
1 kleine Tasse Ristretto (starker Kaffee)
½ kleine Tasse Mokkalikör (Tia Maria)
2 dl Rahm
Kakaopulver

Pavé au chocolat, glace stracciatella

Schokoladenwürfel, Stracciatella-Glace

Terrine de pruneaux, sabayon à la cannelle

Zwetschgenterrine mit Zimtsabayon

Mocca en tasse, gâteau à la cannelle
«Cappuccino» mit Zimtkuchen

Gâteau à la cannelle

Zimtkuchen

Die Eier mit dem Zucker schaumig rühren. Die Milch mit dem Rahm vermischen und zufügen. Die restlichen Zutaten einarbeiten. Den Teig etwa 3 Zentimeter hoch in eine flache gebutterte Form von 25×28 cm füllen und bei 180 Grad in der Ofenmitte 15 Minuten backen.

3 Eier
150 g Zucker
je 1¼ dl Milch und Rahm
2 Teelöffel Zimt
½ Teelöffel Backpulver
200 g süsse Brösel (von Löffelbiskuits)
200 g geriebene Mandeln
50 g Zitronat, sehr fein gehackt

Petits pots à la vanille, confit de kumquats

Vanilletöpfchen mit Kumquatconfit und Baumkuchenstreifen

Für die Vanilletöpfchen die 4 Eigelb mit dem Zucker, dem Vanillezucker, dem ausgeschabten Mark der Vanilleschote und 1 Prise Salz verrühren. Die Milch langsam zugiessen und rühren, bis sich der Zucker gelöst hat. Zuletzt den Rahm einrühren und die Masse eine Zeitlang ruhen lassen. Danach in kleine Formen abfüllen und im Wasserbad bei 80 Grad (das entspricht einem 140 Grad heissen Ofen) stocken lassen. Die Temperatur des Wassers möglichst mit einem Thermometer kontrollieren. Die Förmchen herausnehmen und abkühlen lassen. Mit Aluminiumfolie abdecken und über Nacht in den Kühlschrank stellen.
Für das Kumquatconfit die Kumquats halbieren. Den Zucker mit dem Wasser in 5 bis 10 Minuten zu einem Sirup kochen. Die halbierten Kumquats einlegen und etwa 10 Minuten im Sirup pochieren, bis sie matt glänzen. Im Sirup abkühlen lassen. Die Vanilletöpfchen in den Förmchen mit den Kumquats belegen. Nach Belieben noch mit Karamelfäden garnieren.

Tip
Irma serviert dazu Baumkuchenstreifen (siehe Rezept «Marquise au chocolat blanc», Seite 171).

Weinempfehlung
Ermitage Spätlese

Für die Vanilletöpfchen:
4 Eigelb
70 g Zucker
1 Esslöffel Vanillezucker
1 Vanilleschote
1 Prise Salz
1¼ dl Milch
3½ dl Rahm

Für das Kumquatconfit:
12 Kumquats
250 g Zucker
2½ dl Wasser

Tartelette de rhubarbe aux fraises des bois en cage

Rhabarber-Tartelette mit Walderdbeeren im Karamelkörbchen

Den Puderzucker mit der klein gewürfelten Butter, dem Mehl, etwas Vanillezucker und abgeriebener Zitronenschale rasch zu einem Teig verarbeiten. Zur Kugel formen, in Frischhaltefolie hüllen und 3 Stunden im Kühlschrank ruhen lassen. Anschliessend auf Backtrennpapier zu einer 3 Millimeter dicken Teigplatte ausrollen. Die Teigplatte in 2 Quadrate von 20 Zentimeter Seitenlänge schneiden. Mit den mit Zucker und Zimt vermischten Rhabarberwürfeln das eine Quadrat nicht ganz bis an die Ränder belegen. Die Ränder mit etwas verquirltem Eigelb bestreichen. Das andere Teigquadrat darüberlegen und an den Rändern gut andrücken. Die Oberfläche mit dem restlichen Eigelb bestreichen. Auf dem Backtrennpapier auf ein Blech ziehen. Bei 180 Grad 15 bis 20 Minuten goldbraun backen. Leicht abkühlen lassen und mit einem Teigausstecher 4 Rondellen ausstechen.
Für die Sauce den Zucker zu einem hellen Karamel schmelzen. Mit dem Orangensaft ablöschen und die Flüssigkeit auf gut die Hälfte einkochen lassen. Den klein gewürfelten Rhabarber einstreuen und 5 Minuten pochieren.
Das Herstellen von Karamelkörbchen sollte mit ein wenig Übung gelingen. Man schmilzt Zucker zu einem hellen Karamel und lässt diesen leicht abkühlen. Dann lässt man ihn von einem Löffel in dünnen Fäden gitterförmig über eine umgedrehte, zuvor gekühlte und gebutterte Schöpfkelle laufen. Nach dem Erstarren kann man das Körbchen vorsichtig abheben.

Zum Anrichten nach Belieben mit flüssiger Schokolade ein Muster in Erdbeerform auf die Teller spritzen und mit Doppelrahm ausfüllen. Darauf die noch warmen Tarteletten plazieren und je ein Karamelkörbchen danebensetzen. Mit Walderdbeeren füllen und ein zweites Körbchen umgekehrt darüber stülpen, so dass ein goldener Käfig, eine «cage d'or», entsteht. Mit der Rhabarbersauce umgiessen.

Weinempfehlung
Süsser Marsanne

Für die Tarteletten:
100 g Puderzucker
200 g Butter
300 g Mehl
1 Teelöffel Vanillezucker
1/2 Teelöffel abgeriebene Zitronenschale
100 g Rhabarber, klein gewürfelt
30 g Zucker
1 Messerspitze Zimt
mit etwas Rahm verquirltes Eigelb zum Bestreichen

Für den Belag:
8 Karamelkörbchen
200 g Walderdbeeren

Für die Sauce:
100 g Zucker
1 1/2 dl frisch gepresster Orangensaft
150 g Rhabarber, fein gewürfelt

Petits pots
à la vanille, confit de kumquats

Vanilletöpfchen mit Kumquatconfit und Baumkuchenstreifen

Tartelette de rhubarbe
aux fraises des bois en cage

Rhabarber-Tartelette mit Walderdbeeren im Karamelkörbchen

Grundrezepte

«Wer es sich zum Prinzip macht, von Grund auf alles selber herzustellen, gehört zu jenen Köchinnen und Köchen, denen ich meine Rezepte gern anvertraue. Dazu gehören in erster Linie einmal die Fonds, die Grundlage einer schmackhaften Sauce. Sie sind die Basis jeder guten Küche, ihre Seele gewissermassen, und an ihnen erkennt man auch das Können eines Kochs. Die Herstellung ist zwar zeitraubend und erfordert Feingefühl, doch sie lohnt sich. Wer das Rösten und Auskochen von Knochen für die Fleischfonds – wahrlich eine Knochenarbeit – scheut, sollte wenigstens einen Gemüsefond bereithalten, und auch ein Fischfond ist einfach herzustellen. Eingefroren lassen sich diese Geschmacksspender im Haushalt monatelang aufbewahren.

Teigarten, die in meinen Rezepten häufiger vorkommen, etwa der wenig bekannte Dim-sum-Teig oder der Teig für eine schmackhafte Brioche, sind hier ebenfalls zu finden. Das Gefühl, etwas von Grund auf selbst gemacht zu haben, erfüllt Köchin oder Koch mit Befriedigung und Stolz und macht das Kochen zur Leidenschaft.»

Gemüsefond

Das Gemüse waschen und in Würfel schneiden. Im Wasser mit etwas Meersalz aufsetzen und zum Kochen bringen. Über geringer Hitze etwa 30 Minuten köcheln. Danach die Kräuter zufügen, weitere 15 Minuten ziehen lassen und den Fond abpassieren.
Ein genau festgelegtes Rezept für den Gemüsefond gibt es nicht. Im «Fletschhorn» fügt man dem Fond allerlei Gemüseabschnitte bei, die beim Zurüsten anfallen. Doch niemals Kohl und Bittergemüse wie Lattichsorten oder Chicorée zugeben! Auch bei Würzkräutern ist Vorsicht geboten: Thymian oder Rosmarin sollte man nicht verwenden.

3 l Wasser
3 Schalotten mit Schale
1 ungeschälte Karotte
1/2 Lauchstange
1/2 Knollensellerie
einige Stengel Petersilie und Liebstöckelblätter
Meersalz

Heller Geflügelfond

Die zerkleinerten Karkassen in leicht gesalzenem Wasser einmal aufkochen lassen. In ein Sieb schütten, kalt abspülen und abtropfen lassen. In einem grossen Suppentopf die blanchierten Karkassen zusammen mit dem gewaschenen und gewürfelten Gemüse im kalten Wasser aufsetzen und zum Kochen bringen. Den aufsteigenden Schaum mehrmals abschöpfen. Die Gewürze zufügen und die Brühe im offenen Topf 2 Stunden über geringer Hitze kochen lassen. Danach den Fond durch ein mit einem Passiertuch ausgelegtes Sieb abseihen.
Will man einen kräftigeren Fond, so lässt man ihn nach dem Abseihen auf die gewünschte Konzentration einkochen.

1 kg rohe Geflügelkarkassen
5 l Wasser
4 ungeschälte Schalotten
2 ungeschälte Karotten
1/2 Knollensellerie, ungeschält
1/2 Lauchstange
1 Lorbeerblatt
2 Wacholderbeeren
5 weisse Pfefferkörner
einige Stengel Petersilie
Meersalz

Brauner Geflügelfond

Die rohen Geflügelkarkassen ohne Leber und sonstige Innereien gründlich wässern, abtropfen lassen und zerkleinern.
In einem weiten Topf das Erdnussöl erhitzen und die zerkleinerten Karkassen darin anrösten. Die Gemüsewürfel einstreuen und anbräunen. Das Tomatenmark zufügen und rühren, bis es seine rote Farbe verloren hat. Leicht salzen, pfeffern und das Lorbeerblatt sowie die Wacholderbeeren zufügen. Mit dem Weisswein ablöschen und unter Rühren einkochen lassen, bis fast keine Flüssigkeit mehr vorhanden ist. Danach den Gemüsefond zugiessen. Auf kleiner Flamme etwa 1½ Stunden kochen lassen. Nach Belieben 20 Minuten vor Ende der Kochzeit einige Kräuter wie Thymian, Rosmarin oder Salbei zufügen.
Den Fond abpassieren und zur gewünschten Konsistenz einkochen.

1 kg Geflügelkarkassen (Poularde, Taube, Wachtel)
250 g Röstgemüse (gewürfelte Karotten, Sellerie, Zwiebeln)
3 Esslöffel Erdnussöl
1 Esslöffel Tomatenmark
3 dl Weisswein
1 Lorbeerblatt und einige Wacholderbeeren
3 l Gemüsefond (siehe Grundrezept Seite 190)
Meersalz

Brauner Kalbsfond

Die Kalbsknochen in nussgrosse Stücke hacken oder vom Metzger hacken lassen. In einem gusseisernen Bräter in der Bratbutter anrösten. Die Parüren erst etwas später zufügen und mitrösten, dabei mehrmals wenden.
Das gewaschene Wurzelgemüse grob würfeln. Zu den Knochen geben und unter stetem Wenden anbräunen. Zuletzt den in Streifen geschnittenen Lauch zufügen – er sollte keine Farbe annehmen – und das Tomatenmark einrühren. Leicht mit Meersalz würzen, mit der Hälfte des Weissweins ablöschen. Die Flüssigkeit fast völlig einkochen lassen. Die Gewürze einstreuen. Mit dem restlichen Wein ablöschen und diesen einkochen lassen.
Den Kalbskopf – er kann gekocht, aber auch roh sein – in Stücke schneiden und zufügen. Den Gemüsefond angiessen und zum Kochen bringen. Über milder Hitze 2 bis 3 Stunden kochen lassen, dabei wiederholt abschäumen.
Danach den Fond abpassieren und kühl stellen. Den kalten Fond entfetten, indem man das Fett, das sich als feste Schicht an der Oberfläche abgesetzt hat, entfernt.

1½ kg Kalbsknochen und Parüren
50 g Bratbutter
2 Zwiebeln
1 Karotte
50 g Knollensellerie
½ Lauchstange
2 Teelöffel Tomatenmark
Meersalz
2 dl Weisswein
200 g Kalbskopf
3 l Gemüsefond (siehe Grundrezept Seite 190)
6 Pfefferkörner
3 Wacholderbeeren
1 Lorbeerblatt, zerkleinert

Fischfond

Die Gräten eine halbe Stunde unter fliessendem kaltem Wasser wässern. Anschliessend grob zerkleinern.
Die gewürfelten Schalotten in einem grossen Topf in der Butter glasig dünsten. Das übrige Gemüse waschen, grob würfeln und einstreuen. Mit wenig Meersalz würzen und die Gräten zufügen. Das Wasser zugiessen und bis zum Siedepunkt erhitzen. Den dabei aufsteigenden Schaum immer wieder abschöpfen. Erst jetzt die Petersilienstengel und die Gewürze zufügen, da sie sonst mit dem Schaum entfernt würden.
Den Fond etwa 45 Minuten unterhalb des Siedepunktes ziehen lassen. Danach durch ein mit einem Passiertuch ausgelegtes Sieb seihen.

Tip
Im «Fletschhorn» fügt man den oft im Fischfond mitgekochten Weisswein erst bei der Zubereitung einer Sauce zu.

1 kg Fischgräten von Plattfischen wie Seezunge und Steinbutt (keine Köpfe)
2 Schalotten
50 g Butter
1 Karotte
80 g Sellerie
1 kleiner Lauch
3 l Wasser
einige Stengel Petersilie
4 bis 5 weisse Pfefferkörner
Meersalz
1 Lorbeerblatt
einige Rosmarinnadeln

Hummerfond

Die Hummerkarkassen gründlich auswaschen, abtropfen lassen und in nussgrosse Stücke hacken.
Das Röstgemüse in gleichmässige Würfel schneiden und in der Bratbutter anrösten. Die Hummerkarkassen und das Tomatenmark zufügen, kurz mitrösten und mit dem Cognac ablöschen. Nach Belieben kann man den Alkohol auch abflammen.
Den Fisch- oder Gemüsefond zugiessen und mit wenig Meersalz und Pfeffer aus der Mühle würzen. Zum Kochen bringen und abschäumen. Etwa 1 Stunde über geringer Hitze kochen lassen. Zehn Minuten vor Ende der Kochzeit die Petersilienstengel oder den Dill zufügen.
Den fertigen Fond abpassieren.
Ein Fond lässt sich auch aus den Schalen anderer Krustentiere zubereiten; er wird jedoch nie so gehaltvoll wie ein Hummerfond.

4 Hummerkarkassen
200 g gewürfeltes Röstgemüse (Karotten, Sellerie, Zwiebeln)
20 g Bratbutter
1 Teelöffel Tomatenmark
1/2 dl Cognac
1 l Fisch- oder Gemüsefond
einige Stengel Petersilie oder 1 Dillstengel
Meersalz, Peffer aus der Mühle

Portweingelee

Den gekochten Kalbskopf in nussgrosse Stücke schneiden. Zusammen mit den Gemüsewürfeln im kalten Fond aufsetzen und zum Kochen bringen. Abschäumen, die Gewürze zufügen und leicht salzen. Über milder Hitze 1 Stunde kochen lassen, wobei sich die Flüssigkeit um die Hälfte verringern soll.
Vom Fond 3 Deziliter abnehmen und mit dem Portwein vermischen. Danach um die Hälfte einkochen lassen und flach auf einen grossen Teller oder in eine Schale ausgiessen. Kühl stellen und gelieren lassen.
Je nach Weiterverwendung mit einem Messer würfeln oder mit zuvor in heisses Wasser getauchten Ausstechern runde oder andere Formen ausstechen.

300 g gekochter Kalbskopf oder -fuss
200 g gewürfeltes Röstgemüse (Karotten, Sellerie, Zwiebeln zu gleichen Teilen)
2 l Geflügel- oder Gemüsefond (siehe Grundrezept Seite 190)
3 dl Portwein
1/2 Lorbeerblatt
2 Wacholderbeeren
Salz, Pfeffer aus der Mühle

Vinaigrette

In einem hohen Mixbecher zuerst den Senf mit dem Essig, dem Salz und frisch gemahlenem Pfeffer vermischen. Bei laufendem Mixer das Traubenkernöl und anschliessend den heissen Gemüsefond in dünnem Strahl einlaufen lassen. Dabei kann man Öl und Fond nach Belieben dosieren.
Die Vinaigrette kurz aufkochen. Danach nochmals mit dem Stabmixer emulgieren. Nach dem Abkühlen in eine Flasche füllen und im Kühlschrank aufbewahren.
Für eine Curryvinaigrette kann man Currypaste oder Currypulver zusammen mit dem Senf zufügen.

2 Esslöffel scharfer Senf
1 dl Apfelessig
2 dl Traubenkernöl
1 1/2 dl heisser Gemüsefond (siehe Grundrezept Seite 190)
1/2 Teelöffel Salz
Pfeffer aus der Mühle

Kräuterbutter

Die Butter mit dem Salz, dem frisch gemahlenen Pfeffer, dem Currypulver und dem zerdrückten Knoblauch vermischen. Mit dem Schwingbesen oder dem elektrischen Handrührgerät zu einer cremigen Konsistenz aufschlagen. Zuletzt die fein geschnittenen Kräuter und den Schnittlauch untermischen. Kühlgestellt aufbewahren oder portionenweise einfrieren.

300 g weiche Butter
6 g Salz
1 Messerspitze Currypulver
1 Messerspitze frisch gemahlener weisser Pfeffer
1 bis 2 Knoblauchzehen, fein zerdrückt
40 g gemischte Kräuter (Kerbel, Petersilie, Liebstöckel, Estragon)
20 g fein geschnittener Schnittlauch

Nudelteig

Die beiden Mehlsorten in der Arbeitsschüssel der Küchenmaschine miteinander vermischen, dabei das Salz zufügen. Mit dem Knethaken das Trockeneigelb untermengen und zuletzt das lauwarme Wasser einarbeiten. Zu einem seidig glatten, festen Teig kneten. Den Teig zur Kugel formen, in Klarsichtfolie wickeln und einige Stunden im Kühlschrank ruhen lassen.
Statt des Trockeneigelbs, das sich exakt portionieren lässt, können auch je nach Grösse 4 bis 5 ganze Eier verwendet werden.
Für Safrannudeln gibt man im «Fletschhorn» in etwas Weisswein eingelegte Safranfäden zum Wasser oder zu den Eiern.

250 g Hartweizenmehl
250 g Weissmehl
15 g Salz
150 g Trockeneigelb
2 dl lauwarmes Wasser

Brioche

Das Mehl mit dem Zucker und dem Salz in einer grossen Schüssel vermischen. Die Milch zusammen mit der Butter über milder Hitze erwärmen und mit dem Stabmixer emulgieren. Die fein zerbröckelte Hefe in der lauwarmen Milch auflösen.
Die Flüssigkeit zusammen mit den Eiern, die Zimmertemperatur haben müssen, zur Mehlmischung geben. Alles zu einem glatten Teig kneten. Die Schüssel sofort mit Klarsichtfolie luftdicht abdecken und den Teig gehen lassen.
Inzwischen eine Kastenform, ein Blech oder kleine Briocheförmchen mit gezacktem Rand mit weicher Butter ausstreichen und mit Mehl ausstäuben.
Den aufgegangenen Teig zusammenschlagen und nochmals kurz durchkneten. In eine Kastenform oder in Portionen zu je 30 Gramm in kleine Briocheförmchen füllen. Die Oberfläche glattstreichen und mit verquirltem Eigelb bestreichen. Nochmals gehen lassen, bis sich das Teigvolumen fast verdoppelt hat. Wenn kleine Brötchen geformt werden, diese mit einem leicht schräg gehaltenen scharfen Messer längs einschneiden, damit sie beim Backen schön aufbrechen.
Die Brioches im 180 Grad heissen Ofen goldbraun backen. Noch warm servieren.

1 kg Weissmehl
30 g Zucker
10 g Salz
6 dl Milch
150 g Butter
30 g Hefe
2 Eier
1 Eigelb, verquirlt mit 1 Esslöffel Rahm
Butter zum Fetten der Formen
Mehl zum Ausstäuben

Dim-Sum-Teig

Alle Zutaten zu einem festen Teig verarbeiten. Den Teig zur Kugel formen, in Klarsichtfolie wickeln und über Nacht im Kühlschrank ruhen lassen.

500 g Weissmehl
20 g lauwarme flüssige Butter
1 Esslöffel Oliven- oder Sesamöl
10 g Salz
2 dl lauwarmes Wasser

Die Walliser Weine

Nirgendwo in der Welt werden so viele Rebsorten angepflanzt wie im Wallis: insgesamt 52. Dahinter steckt eine über tausendjährige Weinkultur, die zu Zeiten der Römer ihren Anfang nahm.
Mit 5300 Hektaren Rebland produziert das Wallis 35 Prozent aller Schweizer Weine. Die Anbaufläche erstreckt sich über 120 Kilometer, von Brig bis zum Ausgang des Rhonetals, eingeteilt in drei Qualitätszonen: eine erste bis zu einer Höhe von 650 Metern über Meer, eine zweite bis 750 Meter über Meer und eine dritte mit noch höheren Lagen wie den Rebbergen von Visperterminen, die eine Höhe von 1200 Metern erreichen und die höchstgelegenen von ganz Europa sind. Neunzig Prozent der Produktion gedeiht auf dem rechten, zehn Prozent auf dem linken Rhoneufer, wiederum neunzig Prozent im französischen und zehn Prozent im deutschsprachigen Wallis. Seit Einführung der «appellation d'origine contrôlée» (AOC), 1993, produziert das Wallis ungefähr 55 Millionen Liter pro Jahr, je zur Hälfte Weissweine und Rotweine. Die AOC hat zweifellos zu einer Professionalisierung des An- und Ausbaus und zu charaktervolleren Provenienzen geführt.
Die Walliser Böden sind sehr verschiedenartig. Sie reichen von Kalkböden im Oberwallis über die Urgesteinslagen in der Mitte des Kantons bis zu den kieselreichen Böden des Unterwallis. Und entsprechend verschieden schmecken die Weine, selbst aus der gleichen Traubensorte. Hinzu kommt das Klima: wenig Regen, wenig Nebel, durch den Föhn bestimmte warme Herbsttage – ein ideale Voraussetzung für den Rebbau.
Eigenartig sind die Besitzverhältnisse. Das ganze Gebiet ist in 120 000 Parzellen aufgeteilt, von denen nur ein Fünftel grösser als 500 Quadratmeter sind. Sie gehören 20 000 Weinbauern, von denen etwa 2000 professionell arbeiten, während die übrigen ihre Trauben verkaufen. Achtzig Prozent der Weinberge werden von Hand bearbeitet, zum Teil der steilen Lagen wegen; pro Hektare müssen ungefähr 1300 Arbeitsstunden investiert werden, doppelt so viele wie bei einer maschinellen Bearbeitung. Etwas über 800 Weinbauern keltern ihre Trauben selbst und bringen die Produkte unter ihrem Namen auf den Markt.
Die 52 Rebsorten gliedern sich in 35 weisse und 17 rote. Doch der grösste Teil, neunzig Prozent, der Produktion setzt sich aus nur vier Sorten zusammen: Chasselas, Johannisberg, Pinot und Gamay.

Die Weissen

Chasselas

Diese Traubensorte wird vielerorts nur als Tafeltraube angepflanzt. War es der hohe Ertrag oder der geeignete Boden, der sie zur wichtigsten Weintraube der Schweiz werden liess? Mit Sorgfalt angebaut und vinifiziert, liefert sie elegante, fruchtige Weine, die je nach «terroir» sehr unterschiedlich ausfallen: leicht und lebendig, mit einer Spur Tannin im Oberwallis, fruchtiger und floraler in der Region um Sierre, fetter und geschmeidiger, mit einem leichten Lindenblütenaroma rund um Sion, mineralischer, gelegentlich mit einem Anflug von Exotik in der Gegend von Martigny und im unteren Wallis. Auch die Chasselas vom linken, stärker beschatteten Rhoneufer sind nicht zu verachten; ihr Zitronenduft hat etwas Bestechendes.
Im Wallis wird der Chasselas zumeist unter der Bezeichnung «Fendant» vertrieben. Durch die Verbindung mit Fondue und Raclette und das Abfüllen in kronkorkverschlossene Flaschen ohne Lagenbestimmung hat der Fendant zweifellos gelitten und ist zum unbedarften Tageswein degradiert worden. Zu Unrecht. Doch mag es noch einige Zeit dauern, bis der Walliser Chasselas die Reputation anderer Walliser Weine erreicht haben wird.

Johannisberg

Der Johannisberg, auch Sylvaner oder Rhin genannt, gedeiht vor allem in der Gegend von Chamoson-Leytron mit ihrem tonhaltigen Schiefer. Er zeichnet sich durch ein kräftiges Bouquet mit leichten Muskatnoten aus. Auf der Zunge wirkt er weich und ge-

schmeidig, an gebrannte Mandeln erinnernd. Trocken ausgebaut, trinkt man ihn jung, etwa zu Spargeln oder Krustentieren. In kräftigeren Varianten passt er zu Fischen mit Sauce, Meeresfrüchtegratins oder Weichkäse.
Auch als Süsswein kennt man ihn, der es in guten, botrytishaltigen Jahren mit allen grossen Süssweinen aufnehmen kann. Diese Spätlesen trinkt man am besten zu Foie gras, Blaukäse oder Fruchtdesserts.

Chardonnay

Diese modische Rebsorte findet man im Wallis hauptsächlich auf Moränenböden. Mit genügend Säure ist der Chardonnay ein herrlich komplexer Wein mit einem Duft nach Ananas, weissen Pfirsichen, hintergründig auch nach Honig, Haselnüssen und frischer Butter. Wenn er gehaltvoll genug ist, eignet er sich für einen Ausbau in der Barrique; doch ist dabei zu beachten, dass er nicht ins Süssliche umschlägt. Er passt zu Fisch ohne Zitrone, zu Geflügel und anderem hellem Fleisch wie zum Beispiel einer Blanquette de veau.

Petite Arvine oder Arvine

Eine der ursprünglichen Walliser Rebsorten, deren Name von den kleinen Traubenbeeren herrührt, im Gegensatz zur «grande» oder «grossen» Arvine, die praktisch verschwunden ist. Sie treibt ihre Wurzeln bis zu 39 Meter tief in den Boden.
Ein fruchtiger und eleganter Wein mit Agrumennoten, nach rosa Grapefruit oder grüner Zitrone duftend. Seine leichte Salzigkeit rührt von den Moränenböden her, auf denen die Reben gedeihen. In guten Jahren lassen sich auch exotische und florale Noten wie jene von Veilchen oder Glyzinien erschnuppern.
Leicht im Oberwallis, kräftiger rhoneabwärts begleitet er am liebsten Meeresfrüchte, Fische und Krustentiere. Spätlesen sollte man nicht zum Essen reichen, sondern für sich geniessen, um ihre ganze Komplexität zu spüren. Wohldosierter Barriqueausbau ist auch hier möglich.

Pinot gris, Malvoisie

Die ursprünglich aus Sizilien stammende Traube ergibt, trocken ausgebaut, den Pinot gris, während süsse Spätlesen im Wallis als Malvoisie bezeichnet werden. Angebaut wird sie vor allem zwischen Sierre und Martigny. Diese trockenen und süssen Weine bestechen durch ihre tiefgelbe Farbe und ihren Duft nach mit Zimt gekochten Äpfeln, Quitten, Mandeln und Waldbeeren.
In der trockenen Variante passt der Pinot gris sowohl zu Foie gras wie zu Pilzen oder zu Salaten mit Wachtel, Hummer und Crevetten. Aber auch Käsespeisen, selbst eine Raclette, sind ihm nicht fremd. Der Malvoisie dagegen ist ein ausgesprochener Dessertwein, gut zu allem aus Schokolade.

Ermitage, Marsanne blanche

Im Wallis nennt man die aus den Côtes-du-Rhône stammende Rebsorte Marsanne blanche meist Ermitage, nicht zu verwechseln mit dem roten Hermitage aus Frankreich. Doch wurde der Name vermutlich von dort importiert.
Angepflanzt wird sie vor allem zwischen Sion und Fully. Trocken ausgebaut, duftet dieser weiche, harmonische Wein nach Waldbeeren, nach Unterholz, sogar ein wenig nach weissen Trüffeln. Er ist ein unvergleichlicher Begleiter von lang gekochten Gerichten, von Risotto, Teigwaren und Pilzen.
Als Süsswein beglückt er den Gaumen mit seiner Vielfalt. Blaukäse und Weichkäse lassen sich ebensogut mit ihm kombinieren wie die meisten Desserts, Kuchen, auch stark gewürzte und karamelisierte Leckereien.

Muscat

Eine besonders parfümierte Rebsorte, die in der Gegend um Sierre und im Oberwallis angepflanzt wird. Sie braucht viel Sonne, um ihr Aroma voll entfalten zu können. Ein hervorragender trockener und dennoch ansprechender Aperitifwein, ein Stimmungsmacher zu allen Amuse-bouches.

Amigne Wie die Petite Arvine ein ursprünglicher Walliser Wein. Seine Wiege steht in der Gemeinde Vétroz, wo er auf den kieselhaltigen Böden gedeiht wie nirgendwo sonst.
Kein sehr trockener Wein, eher floral als fruchtig, am Gaumen weich und intensiv, an Mandarinen, getrocknete Aprikosen, Lindenblüten und Toastbrot erinnernd. Er entfaltet sich am besten zu Gerichten mit Fruchtsaucen, etwa einem Hummer an Quittenjus. Als Süsswein begleitet er alle Desserts, auch solche mit Schokolade.

Pinot blanc Aus dem Burgund stammend, zeigt der Pinot blanc eine deutliche Verwandtschaft mit dem Chardonnay. Wie dieser verbindet er Fülle mit Eleganz. Er gedeiht auf Sedimentböden, an denen es in der Talsohle nicht fehlt.
Ein Begleiter aller Teigwaren und Pilze und vor allem auch von Innereien wie Milken oder Nieren.

Humagne blanc Eine Rebe, auf die die Walliser Weinbauern stolz sind. Sie soll römischen Ursprungs sein, wird heute aber als einheimische Sorte betrachtet. Angebaut wird sie zwischen Sion und Fully. Sie wird manchmal auch Humagne blanche genannt.
Jung ist der daraus gewonnene Wein eher neutral und von säurebetonter Eleganz. Gelagert entwickelt er faszinierende Aromen auf der Basis von Tannin und schwarzen Beeren. Er galt lange als Stärkungsmittel von Frauen im Kindbett (eisenhaltig).
Er wird gern zu weissem Fleisch getrunken, nicht aber zu Gepökeltem. Man verwendet ihn auch in der Küche (bei Irma im Risotto) oder zum Marinieren und Einmachen von Trüffeln.

Riesling Eine Rebsorte, die im ganzen Kanton Wallis gedeiht. Der daraus gekelterte Wein ist in der Regel weniger aggressiv als im Elsass, dem Herkunftsgebiet der Sorte, und weniger säurebetont als in Deutschland. Im Oberwallis zeigt er eine kräftigere Säure als in den tiefergelegenen Gebieten.
Leichtes Muskattraubenaroma und eine Fülle subtiler Noten, etwa nach Zimt, Zitrone oder Muskatnuss.
Der Riesling ist ein typischer Aperitifwein; doch trinkt man ihn auch zu Süsswasserfischen und zu würzigen asiatischen Gerichten.

Riesling×Sylvaner Diese Züchtung, auch Müller-Thurgau genannt, wird vor allem in der Deutschschweiz angepflanzt. Der Wein, der aus der ertragreichen, wetterfesten Traube gewonnen wird, weist Ähnlichkeiten mit dem Riesling auf, vor allem mit seinem leichten Muskattraubenaroma. Intensive Besonnung behagt den Trauben nicht, ein Grund dafür, dass sie im Wallis nur selten angepflanzt werden.
Passend zu allen Fischgerichten, aber auch angenehm als Aperitif.

Rèze (Resi) und verwandte Sorten Im Oberwallis, vor allem im Vispertal, gedeihen einige uralte Rebsorten wie die Rèze, die Lafnetscha, die Himbertscha (eine Verwandte des Humagne blanc), die Gwäss und die Freisamer.
Die daraus gekelterten eher robusten Weine passen zu rustikalen Gerichten.

Heida Der Heida, ein grüner Traminer, gilt als Spezialität von Visperterminen. Die Reben wachsen bis zu einer Höhe von 1200 Metern über Meer. Ursprünglich wurde der Heida nur dort vinifiziert, in Lärchenfässern mit 500 Liter Inhalt. Heute haben sich seiner auch andere Produzenten angenommen.
Der Wein mit seinen Noten nach grüner Zitrone und Grünpflanzen sowie einer kräftigen Säure sollte mindestens drei Jahre gelagert werden.
Man trinkt den Heida zu rustikalen Gerichten, zu Käse und Trockenfleisch. Ein idealer Begleiter der «Tarte savièsanne».

Païen Diese Walliser Spezialität, ebenfalls ein Traminer, wird vor allem auf der linksuferigen Rhoneseite im Oberwallis und in der Gegend von Riddes erzeugt. In der Herstellung, der Farbe und dem Geschmack erinnert der Païen an den «vin jaune», den man im französischen Jura produziert. Der Name Païen rührt von «paille», Stroh, her, auf das man die Trauben nach der Ernte legt, um sie anzutrocknen. Früher legte man sie sogar auf die Schieferdächer und deckte sie nachts ab.

Weniger hart als der Heida, lässt sich der Païen bereits nach der Abfüllung trinken. Auch er passt zu rustikalen Gerichten, aber auch zu Fisch und Pilzen.

… und die anderen

Aligoté, eine Rebe burgundischen Ursprungs. Wein mit zurückhaltender Frucht und Grüntönen. Wird in der Gegend von Savièse erzeugt.

Altesse, aus der Familie des Johannisberg, im mittleren Wallis kultiviert. Kräftiger Wein mit Finessen, delikates Akazienbouquet.

Auxerrois, eine Sorte aus Mittelfrankreich. Wein für die Liebhaber saurer Bonbons.

Bernarde, ein Verwandter des Humagne blanc. Stammt aus dem Aostatal. Rustikaler Wein.

Charmont, eine Traubenzüchtung aus mit Chardonnay-Pollen befruchtetem Chasselas. Aromatischer, kräftiger, eleganter Wein.

Chenin blanc, eine aus Anjou stammende Rebe, die heute auch im Mittelwallis angepflanzt wird. Eleganter, weicher Wein.

Gewürztraminer, eine Rebsorte aus dem Elsass, die auch im mittleren Wallis angepflanzt, aber weniger süss ausgebaut wird als in ihrer Heimat. Wein mit ausgeprägtem Muskataroma, der würzig und nach welken Rosen duftet.

Sauvignon blanc, eine im Loire-Gebiet und im Bordelais (Graves und Sauternes) kultivierte Rebsorte, die einen charaktervollen, nach Grapefruit schmeckenden Wein ergibt.

Sémillon, eine Sorte aus dem Bordelais, die sehr empfänglich für Botrytis ist. Wird häufig süss ausgebaut oder in trockenen Varianten mit Sauvignon blanc gemischt.

Viognier, eine Rebe aus den Côtes-du-Rhône, der Gegend um Condrieu. Wird neuerdings auch im Wallis angepflanzt. Wein mit deutlichem Aprikosen- und Pfirsicharoma.

Die Roten

Pinot noir — Pinot noir, auch Blauburgunder genannt, ist die am weitesten verbreitete Rotweintraube des Wallis. Sie ist allerdings in zahlreiche Untergruppen aufgeteilt, und je nach der Züchtung spricht man von Burgunder, Wädenswiler, Cortaillod-, Châteauneuf- oder Marienfelder Pinot noir. Auch im Wallis werden verschiedene Pinots angepflanzt und bei der Kelterung teilweise miteinander vermischt, so dass es für den Konsumenten nicht immer einfach ist, sich zurechtzufinden.
Dennoch zeigen alle Varianten, zu Wein verarbeitet, verwandte Züge, vor allem die typischen Beerennoten: Himbeeren, Erdbeeren, manchmal auch Kirschen. Zweifellos grosse und elegante Weine, mit und ohne Barriqueausbau.
Pinot noir trinkt man gern zu leichten Gerichten, etwa zu hellem Fleisch wie einem Kalbsbraten, aber auch zu Innereien.

Gamay — Aus dem Beaujolais stammend, wird Gamay heute vor allem im Unterwallis angebaut, in der Gegend um Chamoson bis Martigny.
Der säurearme Wein duftet nach Cassis oder Pflaumen. Fachgerecht ausgebaut, ein gut strukturierter, tanninhaltiger Roter von würziger Komplexität und ein würdiger Begleiter von Lamm, gebratenen Würsten, Ossobuco, Innereien, Tauben und geschmortem Fleisch.

Dôle — Der Dôle, eine Walliser Spezialität, stellt eine Assemblage von Pinot noir und Gamay dar, wobei der Pinot überwiegt. Es ist auch erlaubt, bis zu zehn Prozent andere Rotweintrauben beizumischen.
Eine glückliche Mischung: Der Pinot sorgt für Fruchtigkeit, der Gamay für Körper und Tannin.
Dôle passt zu kräftigen Fleischgerichten wie Grillfleisch, Roastbeef, Bœuf braisé, Siedfleisch, gebratenem Geflügel, Hartkäse und Ziegenkäse.

Humagne rouge — Die Herkunft der Rebe ist ungewiss. Heute gilt sie als autochthone, ursprüngliche Walliser Sorte. Der Anbau konzentriert sich auf das mittlere Wallis und die Gegend um Fully. Der rote Humagne hat, unter guten Bedingungen hergestellt, Noblesse und Klasse. Blumig, mit einem Cassiston, vereint er eine tief violettrote Farbe mit einer kräftigen Struktur. Man pflegt ihn eher jung zu trinken, er ist aber lagerbar.
Er passt besonders gut zu Wildgerichten, zu Fasan oder Wildente, aber auch zu braisiertem und gegrilltem Fleisch.

Cornalin — Eine Traube, die vom Aussterben bedroht war und aus der man früher den «rouge du pays» gewann. Die Cornalin-Rebe braucht Südlagen und einen kalkreichen Boden. In guten Jahren entsteht daraus ein äusserst fruchtiger Wein, der zu rustikalen Gerichten passt, Ragouts, Kaninchen, gebratenen Würsten, Alpkäse, Tarte saviésanne.

Syrah — Eine Rebe, die im Wallis gut gedeiht und immer häufiger angepflanzt wird. Sie stammt aus dem Iran und wurde von Arabern via Marokko und Gibraltar in die Côtes-du-Rhône gebracht, wo sie immer noch eine dominante Rolle spielt.
Wer die Herstellung des Syrah beherrscht, kann auch im Wallis daraus grosse Weine erzeugen, die sich mit jenen aus Frankreich durchaus vergleichen lassen. Sie bestechen durch ihre Komplexität, das Pfefferige, Zimtartige, verbunden mit Brombeer- und Heidelbeeraromen. Bei ausreichender Konzentration eignen sie sich hervorragend für einen Ausbau in der Barrique (lagerbar).
Idealer Begleiter zu rotem Fleisch, Grilladen und Haarwild.

Diolinoir

Eine Kreuzung aus Pinot noir und Rouge de Diolly. Fruchtig, farbintensiv, reich an Tannin wird der Diolinoir hauptsächlich für Assemblage verwendet, gelegentlich aber auch «pur» angeboten.
Ein Wein zu Wildgerichten und allem Gefügel.

Cabernet (franc und sauvignon)

Die Cabernet-franc-Rebe, zwischen Loire und Bordelais entstanden, ergibt dunkelrote, wuchtige Weine, während die Cabernet-sauvignon-Traube für Frucht und Noblesse sorgt. Wo immer die beiden Sorten angepflanzt werden, erzielt man die besten Resultate mit einer Mischung und dem Ausbau in Barriques – allerdings muss das Basismaterial stimmen.
Im Wallis ist der Cabernet eine Randerscheinung, trotz beachtlicher Resultate. Er steht nach wie vor im Schatten der grossen Bordeaux.
Cabernet mit seinen Aromen von Walderdbeeren, Cassis und Stachelbeeren lässt sich vor allem zu rotem Fleisch und Wildgerichten kredenzen.

... und die anderen

Ancelotta, ein körperreicher, dem Rioja ähnlicher Wein.
Merlot, ein fruchtiger, farbintensiver Wein, der aus sehr reifen Trauben gewonnen werden muss. Sonst schmeckt er unangenehm nach Efeu und grünen Peperoni.
Gamaret, eine Kreuzung zwischen Gamay und Reichensteiner. Farbintensiver, tanninreicher Wein mit leichten Gewürznoten. Eignet sich vor allem für Assemblage.
Tannat, ursprünglich aus dem Südwesten Frankreichs (Madiran), ein kräftiger, dunkler, tanninhaltiger Wein mit ausgeprägter Säure.
Goron, weniger alkoholreich als der Dôle, ein leichter Wein, den man gern zum Picknick an warmen, sonnigen Tagen trinkt.
Eyholzer, Garanoir gehören zu den Kuriositäten, die man einmal versucht haben muss. Sie passen zu Rustikalem.

Lagern und Geniessen

Der Keller

Um den Wein optimal aufzubewahren, sollte man sich an folgende Richtlinien halten:
– eine konstante Temperatur zwischen 10 und 14 Grad
– eine Luftfeuchtigkeit zwischen 70 und 80%, um ein Austrocknen der Korken zu verhindern
– wenig oder kein Licht, niemals Neonlicht
– verschliessbare Fenster, um das Eindringen von Gerüchen, z.B. Rauch, Teer, zu verhindern
– keine Lebensmittel im gleichen Raum lagern, keine Kartoffeln, Zwiebeln, Früchte oder gar Käse. Nur Zigarren stören nicht.

Der Service

Je mehr Säure der Wein enthält, desto kühler sollte man ihn ausschenken. Umgekehrt verträgt ein runder, gereifter Wein ein höhere Temperatur. Nie zu warm und nie zu kalt, so lautet die Grundregel. Die Eckwerte liegen bei 5 Grad für kalt servierte Weine und bei 16 Grad für wärmer servierte; sie sollten weder unter- noch überschritten werden.
Champagner: 5 bis 6 Grad
süsse Weissweine: 6 Grad
trockene Weissweine: 8 Grad
leichte Rot- und Roséweine: 11 Grad
mittelschwere Rotweine: 12 bis 14 Grad
grosse Rotweine: 16 Grad

Die Gläser

Jede Region benützt die Gläser, die der Natur ihres Weins entsprechen. Es ist vernünftig, sich an diese Sitten zu halten.
Im Zweifelsfall oder wenn diese Gläser nicht zur Hand sind, benütze man für Weiss- wie für Rotweine Gläser von einer gewissen Weite und Bauchigkeit, damit sich die Aromen besser entfalten können.

Das Dekantieren

Dekantieren eines Weins empfiehlt sich, um ihn zu lüften und um Hefereste zu entfernen. Enthält die Flasche jedoch wenig Depot, ist die Benützung eines schräg stehenden Korbs vorzuziehen. Bei Flaschen, die älter als 15 Jahre sind, sollte man ohnehin auf das Dekantieren verzichten, weil diese Operation den Wein zerfallen lassen könnte.
Um den Wein zu dekantieren, lässt man ihn vorsichtig in die schräg gehaltene Karaffe rinnen, etwa acht Zentimeter vom Einguss entfernt über einer Kerze oder einer anderen Lichtquelle, die den Strahl durchleuchtet, um ein allfälliges Depot feststellen und den Dekantiervorgang rechtzeitig abbrechen zu können.

Das Körbchen

Der Service in einem Korb oder einem anderen Flaschenhalter ist zu empfehlen, wenn der Wein ein Depot enthält oder sehr alt ist (15 Jahre und mehr). Alte Weine ertragen keine abrupte Sauerstoffzufuhr, wie sie beim Dekantieren erfolgt. Die Aromen bleiben am besten erhalten, wenn man die Flasche etwa drei Stunden vor dem Ausschenken in den Korb legt und entkorkt. Der Sauerstoff, mit dem der Wein durch den Flaschenhals in Berührung kommt, reicht aus, um ihn genussbereit zu machen. Beim Gang vom Keller zum Tisch, sollte man alte Flaschen stets waagrecht halten, damit die Trübstoffe nicht aufgerührt werden.

Rezeptverzeichnis
Nach französischen Bezeichnungen

Aus frischem und aus gereiftem Käse

Süsses Finale

Rezeptverzeichnis

Nach deutschen Bezeichnungen